ŒUVRES COMPLÈTES

DE

SIR WALTER SCOTT.

𝔗raduction 𝔑ouvelle.

PARIS,

CHARLES GOSSELIN ET A. SAUTELET ET C°
LIBRAIRES-ÉDITEURS.

M DCCC XXVI.

ŒUVRES COMPLÈTES

DE

SIR WALTER SCOTT.

TOME TRENTE-CINQUIÈME.

IMPRIMERIE DE H. FOURNIER,
RUE DE SEINE, N° 14.

IVANHOE.

(𝔍𝔳𝔞𝔫𝔥𝔬𝔢.)

TOME TROISIÈME.

—

« Il préparait toujours le char et les harnais,
» Disait adieu cent fois et ne partait jamais. »
Piron.

IVANHOE.

(Ivanhoe.)

CHAPITRE XXXI.

« Allons, braves amis, à la brèche, à la brèche.
» De nos morts, s'il le faut, faisons-nous un rempart.
» Et sur ces murs fumans plantons notre étendard.
» Qu'on jure, en nous voyant, que jamais l'Angleterre
» A de plus dignes fils ne remit sa bannière. »

SHAKSPEARE, *Le Roi Henri V.*

QUOIQUE Cedric n'eût pas grande confiance en Ulrique, il ne manqua pas de faire part de sa promesse au chevalier Noir et à Locksley. Ceux-ci furent charmés d'apprendre qu'ils avaient dans la place un ami qui pouvait au besoin se trouver en etat d'y faciliter leur entrée.

Ils convinrent avec le Saxon qu'il fallait donner l'assaut, quelque désavantageuse que pût leur être cette chance, et que c'était le seul moyen de délivrer les prisonniers du féroce Front-de-Bœuf.

— Le sang royal d'Alfred est en danger, dit Cedric.

— L'honneur d'une noble dame est en péril, dit le chevalier Noir.

— Et par le saint Christophe de mon baudrier, quand il ne s'agirait que de sauver ce pauvre serf, ce fidèle Wamba, dit Locksley, je risquerais un de mes membres plutôt que de laisser tomber un cheveu de sa tête.

— Et j'en ferais autant, dit l'ermite de Copmanhurst. Je sais que ce n'est qu'un fou ; mais, messieurs, quand un fou se conduit avec tant d'adresse et de présence d'esprit, je viderais un flacon de vin, et je mangerais une tranche de jambon avec lui, plus volontiers qu'avec le plus sage des hommes. Oui, mes frères, je vous le dis, un tel fou ne manquera jamais de clerc pour prier pour lui, ni d'un guerrier pour le défendre, tant que je pourrai chanter un psaume ou manier une pertuisane.

Et en parlant ainsi il fit le moulinet par-dessus sa tête avec sa lourde hallebarde, aussi facilement qu'un jeune berger avec sa houlette.

— Fort bien, brave clerc, dit le chevalier Noir, fort bien ! saint Dunstan lui-même n'aurait pu dire mieux. Mais à présent, mon cher Locksley, ne convient-il pas que le noble Cedric se charge de diriger l'attaque ?

— Non, sur ma foi, s'écria Cedric ; je n'ai jamais étudié l'art d'attaquer ni de défendre ces citadelles de la tyrannie, que les Normands ont élevées dans cette malheureuse contrée. Je combattrai au premier rang, et si je ne puis rendre les services d'un chef expérimenté, je m'acquitterai des devoirs d'un bon soldat.

— Puisque telle est votre détermination, noble Cedric, dit Locksley, je me chargerai de la direction des archers, et je consens que vous me pendiez au plus haut de ces arbres, si les soldats qui se montreront sur les murs ne sont percés d'autant de flèches qu'on voit de clous de girofle sur un jambon aux fêtes de Noël.

— C'est bien parler, hardi yeoman! dit le chevalier Noir, et s'il se trouve parmi ces braves gens des hommes qui veulent suivre un vrai chevalier, car je puis me donner ce titre, je suis prêt à les conduire à l'attaque du château avec toute l'expérience que j'ai acquise.

Les chefs s'étant ainsi distribué leurs fonctions, on livra le premier assaut, dont mes lecteurs ont vu le résultat.

Quand la barbacane fut emportée, le chevalier Noir fit donner avis de ce succès à Locksley, en lui recommandant en même temps de tenir les assiégés en haleine, afin de les empêcher de réunir leurs forces pour faire une sortie et se remettre en possession de la fortification extérieure qu'ils avaient perdue. C'était là surtout ce que le chevalier voulait éviter, voyant bien que ses soldats volontaires, mal armés et sans discipline, auraient dans une attaque soudaine de grands désavantages contre les vieux guerriers des chevaliers normands, qui, également bien pourvus d'armes offensives et défensives, opposeraient à l'ardeur des assiégeans toute la confiance que donnent la discipline et l'habitude de combattre.

Il employa cet intervalle à faire construire un pont en bois qu'il se proposait de jeter sur le fossé, et par le moyen duquel il espérait pouvoir le traverser, en dépit de tous les efforts des ennemis. Ce travail prit quelque temps ; mais les chefs le regrettèrent d'autant moins que cela donnait à Ulrique le loisir d'exécuter son plan de diversion en leur faveur, quel qu'il pût être.

Dès que le pont fut terminé : — Il ne faut pas attendre plus long-temps, dit le chevalier Noir ; le soleil s'abaisse vers l'occident, et j'ai sur les bras des affaires qui ne me permettent pas de rester un jour de plus avec vous. D'ailleurs il est presque impossible qu'il ne vienne pas d'York de la cavalerie au secours des assiégés, et il faut terminer ce coup de main avant qu'elle arrive. Ainsi donc, qu'un de vous se rende auprès de Locksley, pour lui commander de faire une décharge de flèches de l'autre côté du château, et de se porter en avant, comme s'il voulait livrer un assaut. Et vous, braves Anglais, suivez-moi à l'attaque véritable, et soyez prêts à jeter le pont sur le fossé, dès que la poterne de notre côté sera ouverte ; traversez-le hardiment à ma suite, et aidez-moi à briser la porte de sortie pratiquée dans le mur principal. Ceux de vous qui n'aiment pas ce genre de service, ou qui ne sont pas assez bien armés pour s'en charger, n'ont qu'à garnir le haut des fortifications, bander leurs arcs, et diriger leurs flèches contre quiconque paraîtra sur les remparts du château. Noble Cedric, voulez-vous prendre le commandement.

— Non, de par l'ame d'Hereward ! répondit le Saxon ; je ne me pique pas de conduire les autres : mais que la postérité vomisse contre moi des malédictions sur mon tombeau, si je ne marche pas à la suite du premier qui me montrera le chemin. C'est ma querelle qu'il s'agit de vider, et il ne me convient pas de rester à l'arrière-garde.

— Mais songez, noble Saxon, que vous n'avez ni haubert ni cotte de mailles; vous n'avez qu'un casque léger, un petit bouclier et votre épée.

— Tant mieux! j'en serai plus léger pour escalader ces murailles. Je ne veux pas me vanter, sire chevalier, mais vous verrez aujourd'hui qu'un Saxon peut se présenter au combat la poitrine nue, aussi hardiment qu'un Normand revêtu d'une cuirasse d'acier.

— Allons donc, au nom de Dieu, qu'on ouvre la poterne et qu'on lance le pont?

La porte qui conduisait de la barbacane au fossé, et qui était en face d'une porte de sortie percée dans les murs du château, s'ouvrit alors tout à coup, et le pont fut jeté; mais il ne pouvait donner passage qu'à deux hommes de front. Sachant combien il était important d'attaquer l'ennemi par surprise, le chevalier Noir s'y précipita à l'instant; Cedric le suivit, et ils arrivèrent tous deux à la rive opposée sans accident. Là ils commencèrent à attaquer à grands coups de hache la porte de sortie du château, et ils se trouvaient à l'abri des traits et des pierres des assiégeans par les planches qui formaient l'ancien pont que Front-de-Bœuf venait de faire détruire, et qui étaient restées suspendues en arcs-boutans contre le mur. Ceux qui les suivirent sur le pont, n'ayant pas un pareil abri, étaient exposés aux coups des assiégés. Les deux premiers tombèrent dans le fossé percés de flèches, et les autres rentrèrent précipitamment dans les barrières.

La situation du chevalier Noir et de Cedric devenait très-dangereuse, et elle l'aurait été encore plus si les archers, restés dans la barbacane, n'eussent tiré constamment sur les remparts, occupant l'attention des assiégés et les empêchant par là d'accabler leurs deux chefs d'une grêle de pierres et de flèches. Le péril n'en était pourtant pas moins grand pour ceux-ci, et il augmentait à chaque instant.

— Quelle honte! s'écria De Bracy en s'adressant aux soldats qui l'entouraient; vous prétendez savoir lancer une flèche, et vous souffrez que deux hommes seuls maintiennent leur poste sous les murs du château! Démolissez le parapet du rempart, si vous ne pouvez faire mieux, et précipitez-en les pierres sur leurs têtes. Vite! des pieux, des leviers. Commencez par ce créneau, dit-il en montrant une énorme pierre sculptée qui couronnait le parapet, précisément au-dessus de la poterne.

En ce moment on vit flotter sur la tour de l'ouest le drapeau rouge dont Ulrique avait parlé à Cedric. Locksley fut le premier qui l'aperçut. Dès qu'il avait appris qu'on livrait l'assaut, il avait laissé une partie de ses gens pour continuer la fausse attaque, et était venu avec les plus braves pour prendre part à la véritable.

— Saint Georges! s'écria-t-il; saint Georges et l'Angleterre! A l'assaut, archers! Comment pouvez-vous laisser ce brave chevalier et le noble Cedric attaquer seuls la porte du château! Allons donc, ermite de Copmanhurst, prouve que tu sais te battre aussi bien que tu sais dire ton rosaire. En avant, braves archers, en avant! Le château est à nous: nous avons des intelligences dans l'intérieur. Voyez ce drapeau, c'est le signal convenu. Torquilstone est à nous. Songez à l'honneur, songez au butin; encore un effort, et nous sommes maîtres de la place.

En finissant ces mots, il banda son arc, et perça d'une flèche un homme d'armes qui, suivant les ordres de Bracy, cherchait à détacher du parapet une pierre énorme, pour la précipiter sur Cedric et le chevalier Noir. Un autre soldat prit le pieu des mains de son camarade expirant, et il continuait l'ouvrage que le premier avait commencé, quand une seconde flèche, décochée par Locksley, l'atteignit, et le fit tomber dans le fossé. Parmi ses compagnons effrayés, nul ne se présentait pour prendre sa place, car chaque trait lancé par ce redoutable archer semblait porter la mort avec lui.

— Quoi ! lâches, s'écria De Bracy, nul de vous n'ose avancer ! Donnez-moi un levier. *Montjoye saint Denis !*

Il se mit alors lui-même à l'ouvrage. La pierre était de taille, non-seulement à briser les planches qui servaient d'abri à Cedric et au chevalier, mais à détruire en même temps le pont jeté sur le fossé. Tous les assaillans virent le danger, et les plus hardis d'entre eux, même le vigoureux ermite, n'osèrent mettre le pied sur le pont. Locksley lança trois flèches contre De Bracy, et toutes trois retentirent et s'émoussèrent sur son armure impénétrable.

— Au diable soit ta cotte d'Espagne, s'écria-t-il avec dépit : si elle eût été forgée par un armurier anglais, ces flèches l'auraient percée comme si elle eût été de toile ou de soie. Et il se mit à crier de toutes ses forces : — Camarades ! amis ! chevalier Noir ! noble Cedric ! en retraite ! en retraite ! une pierre énorme va tomber !

Sa voix ne fut pas entendue : les coups redoublés que

frappaient sur la porte le chevalier et son compagnon auraient suffi pour la couvrir. Le fidèle Gurth alors se précipita sur le pont, pour aller, au risque de sa vie, prévenir son maître du danger qu'il courait ; mais il serait arrivé trop tard : la pierre, poussée en avant par les efforts réitérés de De Bracy, était à l'instant de perdre l'équilibre, quand la voix du templier arrêta son bras prêt à la précipiter.

— Tout est perdu, De Bracy, le château est en feu.

— En feu ! Êtes-vous fou de parler ainsi ?

— Dans deux minutes vous verrez les flammes s'élever au-dessus de la tour de l'est : j'ai vainement cherché à l'éteindre.

Brian de Bois-Guilbert communiqua en peu de mots à son compagnon les détails de cette affreuse nouvelle, avec le sang-froid qui formait la base de son caractère ; mais De Bracy ne l'apprit point avec le même calme.

—Par tous les saints du paradis ! s'écria-t-il, que nous reste-t-il à faire ? Je fais vœu d'offrir à saint Nicolas de Limoge un chandelier de l'or le plus pur, si.....

— Garde ton vœu et écoute-moi, dit le templier. Réunis tous tes hommes d'armes, et fais une sortie par la poterne ; il n'y a que cet infernal chevalier et un de ses compagnons qui aient passé le pont, précipite-les dans le fossé, et attaque la barbacane ; moi, à la tête du reste de la garnison, je vais sortir par la porte principale, et je l'attaquerai de l'autre côté. Si nous pouvons regagner ce poste, j'espère que nous pourrons nous y maintenir jusqu'à ce qu'il nous arrive du secours, ou du moins nous obtiendrons bonne composition.

—J'approuve votre idée, répondit De Bracy : je m'acquitterai du rôle que vous me destinez; mais vous, templier, vous acquitterez-vous du vôtre?

— Foi de chevalier! mais, de par le ciel! ne perdez pas un instant.

De Bracy rassembla tout son monde, courut à la poterne; mais il n'eut pas besoin d'en faire ouvrir la porte; à l'instant même où il arrivait elle cédait sous les coups multipliés des deux guerriers, qui attaquèrent vigoureusement les premiers qui se présentèrent, et le chevalier Noir fit mordre la poussière à deux d'entre eux. Les autres reculèrent, en dépit des efforts que fit De Bracy pour les retenir.

— Lâches que vous êtes, leur dit-il, souffrirez-vous que deux hommes nous ferment la seule voie de salut qui nous reste?

— Ce n'est pas un homme, dit un vieux soldat tout en cherchant à parer les coups que lui portait le chevalier Noir, c'est un diable.

— Et quand ce serait le diable, faut-il fuir devant lui pour se jeter dans l'enfer? Le château est en feu, misérables; que le désespoir vous donne du courage, ou plutôt faites-moi place, je veux me mesurer avec ce redoutable antagoniste.

De Bracy soutint en cette rencontre la réputation qu'il avait acquise dans les guerres civiles de cette époque. Le passage voûté sous lequel conduisait la poterne retentissait des coups que se portaient les deux champions, qui combattaient alors corps à corps, De Bracy avec son épée, et son adversaire avec sa pesante hache d'armes. Enfin le chevalier normand reçut un coup dont la violence fut amortie en partie par son bouclier, mais qui tomba sur son casque avec tant de violence qu'il en fut renversé.

— Rends-toi, De Bracy, dit le chevalier Noir en se penchant sur lui, et en portant sur le défaut de sa cuirasse le poignard avec lequel les chevaliers donnaient le coup de grace à leurs ennemis, et qu'on nommait *le poignard de merci*; rends-toi, Maurice De Bracy, secouru ou non secouru, ou tu es mort.

— Dis-moi quel est ton nom ou dispose de ma vie; il ne sera pas dit que Maurice De Bracy s'est rendu à un inconnu.

Le chevalier Noir prononça quelques mots à l'oreille du vaincu.

— Je me rends; je suis votre prisonnier, secouru ou non secouru, lui répondit De Bracy, faisant succéder au ton de la fierté celui d'une soumission respectueuse.

— Allez à la barbacane, dit le vainqueur d'un air d'autorité, et attendez-y mes ordres.

— Permettez-moi d'abord de vous dire ce qu'il vous importe de savoir, reprit De Bracy; Wilfrid d'Ivanhoe est blessé et prisonnier, et il périra dans l'embrasement du château, si l'on ne se hâte d'aller à son secours.

—Wilfrid d'Ivanhoe prisonnier, blessé, en danger de périr! La vie de tous ceux qui se trouvent dans le château me répondra de la sienne. Où est-il?

— Cet escalier tournant conduit à l'appartement qu'il occupe. Voulez-vous que je vous y conduise?

— Non. Allez attendre mes ordres dans la redoute. Je ne me fie pas à toi, De Bracy.

Pendant ce combat et la courte conversation qui l'avait suivi, Cedric, à la tête d'un corps d'archers qui venait de passer le pont, et parmi lesquels se trouvait l'ermite de Copmanhurst, poursuivait les soldats découragés et désespérés du chevalier normand. Quelques-uns demandèrent quartier, d'autres opposèrent une résistance inutile, la plupart prirent la fuite vers la cour du château.

De Bracy, resté seul, suivit des yeux son vainqueur d'un air humilié.

— Il ne se fie pas à moi! répéta-t-il : mais lui ai-je donné sujet de s'y fier? Il ramassa son épée, ôta son casque en signe de soumission, se rendit à la barbacane, et remit son épée à Locksley, qu'il rencontra en chemin.

Cependant, à mesure que l'incendie faisait des progrès, les signes en devinrent visibles dans l'appartement où Rebecca donnait des soins à Ivanhoe. Il avait été éveillé par le bruit du second combat, et la fille d'Isaac, à son instante prière, se mit encore à la fenêtre pour lui rendre compte des événemens qui se passaient. Mais bientôt la vue du champ de bataille fut interceptée par l'épaisse fumée qui sortait d'une tour voisine, et les cris au feu! de l'eau! se firent entendre dans cette partie du bâtiment, par-dessus les cris des combattans.

— Le château est en feu, dit Rebecca; il brûle : que faire pour nous sauver?

— Fuyez à l'instant, Rebecca, dit Ivanhoe, mettez vos jours en sûreté; quant aux miens, nul secours humain ne peut les sauver.

— Je ne fuirai point, répondit Rebecca : nous serons sauvés tous deux, ou nous périrons ensemble. Mais, Dieu d'Abraham! mon père! mon pauvre père! quel sera son destin?

En ce moment, la porte de l'appartement s'ouvrit, et le templier y entra. Son aspect était effrayant; son armure dorée était brisée et couverte de sang, et la plume qui surmontait son casque était brûlée en partie.

— Je te trouve enfin, dit-il à Rebecca : tu vois que je tiens la parole que je t'ai donnée de partager avec toi notre bon ou notre mauvais destin. Il ne reste qu'un moyen de salut, et j'ai bravé cinquante dangers pour venir te le montrer. Lève-toi, et suis-moi à l'instant.

— Je ne vous suivrai point seule, répondit Rebecca; mais, si vous avez sucé le lait d'une femme, si vous connaissez tant soit peu la charité, la pitié; si votre cœur n'est pas aussi dur que votre cuirasse, sauvez mon vieux père, sauvez ce chevalier blessé!

— Rebecca, répondit le templier avec son sang-froid ordinaire, un chevalier doit savoir envisager la mort, soit qu'elle se présente à la pointe d'une lance ou au milieu des flammes; et, quant à un juif, qui diable s'inquiète de ce qu'il deviendra?

— Guerrier farouche, s'écria Rebecca, je périrai dans les flammes, plutôt que d'accepter ton secours.

— Tu n'auras pas la liberté du choix, Rebecca; tu m'as échappé une première fois, mais jamais mortel ne m'échappa une seconde.

A ces mots, il la prit entre ses bras, et l'emporta hors de la chambre, malgré ses prières et ses cris, et sans faire la moindre attention aux menaces et aux imprécations d'Ivanhoe, qui s'écriait d'une voix de tonnerre:

— Scélérat de templier, opprobre de ton ordre, laisse

cette jeune fille, traître de Bois-Guilbert ! tout ton sang me répondra de cet outrage.

— Sans tes cris, Wilfrid, dit le chevalier Noir qui entra en ce moment dans la chambre, je n'aurais pas réussi à te trouver.

— Si vous êtes un chevalier, dit Ivanhoe, ne songez pas à moi, poursuivez ce lâche ravisseur, sauvez lady Rowena, cherchez le noble Cedric.

— Chacun aura son tour dit le chevalier au cadenas, mais en ce moment c'est le tien.

A ces mots, il saisit Ivanhoe, l'emporta avec la même aisance que le templier avait emporté Rebecca, courut chargé de ce fardeau jusqu'à la poterne, le confia aux soins de deux archers, et rentra dans le château pour aider à sauver les autres prisonniers.

Le feu s'était communiqué de la tour à plusieurs autres parties du bâtiment; cependant les flammes ne faisaient pas des progrès très-rapides, arrêtées par l'épaisseur des murs et la solidité des voûtes. Mais les parties de l'édifice sur lesquelles l'incendie n'exerçait point ses ravages étaient le théâtre d'un spectacle non moins affreux, et l'homme y déployait ses fureurs. Les assiégeans poursuivaient de chambre en chambre les défenseurs du château, et assouvissaient dans leur sang la vengeance qui les animait contre les soldats du féroce Front-de-Bœuf. En vain quelques-uns demandèrent quartier, aucun ne put l'obtenir; d'autres se battirent en désespérés et vendirent chèrement leur vie. L'air retentissait du bruit des armes et des gémissemens, et les planchers étaient inondés du sang des blessés et des mourans.

Au milieu de cette scène de confusion, Cedric, accompagné du fidèle Gurth, parcourait le château, cherchant partout lady Rowena. Gurth, pendant la mêlée, n'avait jamais quitté son maître, et avait paré plus d'un coup qui lui était destiné. Le noble Saxon fut assez heureux pour trouver sa pupille à l'instant où, ayant perdu toute espérance, elle serrait contre son sein une croix qu'elle portait au cou, et adressait au ciel des prières qu'elle croyait les dernières. Il la confia à Gurth, et le chargea de la conduire à la barbacane. Les ennemis alors n'étaient plus à craindre, et le chemin n'en était pas encore interrompu par les flammes.

Cependant Cedric continua ses recherches dans le château, dans l'espoir de trouver son ami Athelstane, et déterminé à courir tous les risques pour sauver le dernier rejeton des rois saxons. Mais, avant qu'il fût arrivé dans la salle où il avait lui-même été détenu, le génie inventif de Wamba avait trouvé moyen de se procurer la liberté, ainsi qu'à son compagnon d'infortune.

Quand le bruit et le tumulte annoncèrent qu'on était au plus fort du combat, pendant le second assaut, le fou se mit à crier de toute la force de ses poumons : — Saint Georges et l'Angleterre ! le château est à nous ! Et, pour rendre plus effrayans ces cris qu'il répéta plusieurs fois, il frappa l'une contre l'autre de vieilles armures qui étaient suspendues autour de la salle.

Un garde placé à la porte, et dont l'esprit était déjà dans un état d'alarme, crut que les ennemis avaient pénétré dans cette salle par une croisée, et, saisi de frayeur, il s'enfuit sans songer à fermer la porte pour porter cette nouvelle au templier. Les deux prisonniers ne trouvèrent donc nulle difficulté pour s'échapper, et ils arrivèrent bientôt dans la cour du château, qui offrait encore une scène de combat. Plusieurs soldats de la garnison, les uns à pied, les autres à cheval, s'étaient ralliés autour du fier templier, et cherchaient, en faisant une retraite les armes à la main, à s'assurer du seul moyen de salut qui leur restât. Bois-Guilbert avait fait baisser le pont-levis, mais le passage était difficile et dangereux, car une partie des assiégeans s'étaient placés devant la porte principale du château, pour ôter aux assiégés tout moyen de s'échapper; et, dès que le pont fut baissé, ils s'efforcèrent d'entrer pour avoir leur part du pillage, avant que la forteresse ne fût consumée par les flammes. D'un autre côté, ceux qui étaient entrés par la poterne pressaient vigoureusement cette petite troupe par derrière, de manière qu'elle se trouvait attaquée des deux côtés à la fois.

Animée par le désespoir, et encouragée par l'exemple de son chef indomptable, cette poignée de soldats fit des prodiges de valeur; et, comme ils étaient bien armés, ils réussirent plus d'une fois à repousser leurs ennemis, quoiqu'ils leur fussent bien inférieurs en nombre. Rebecca, à cheval devant un des esclaves sarrasins de Bois-Guilbert, était au milieu du groupe, et le templier, malgré le trouble et la confusion d'un pareil moment, veillait avec le plus grand soin à sa sûreté. Monté sur son excellent cheval de bataille, on le voyait partout où ses soldats avaient besoin de secours ou d'encouragement; à chaque instant il revenait près de la belle juive, la couvrait de son bouclier, oubliait sa défense personnelle pour songer à la sienne; et tout à coup, poussant son cri de guerre, il s'élançait dans la mêlée, faisait mordre la poussière aux plus redoutables des assaillans, et reparaissait de nouveau à ses côtés.

Athelstane, quoique indécis et indolent, comme le lecteur le sait, n'était pas dépourvu de bravoure. En voyant une femme voilée que le templier protégeait avec tant de soin, il ne douta point que ce ne fût lady Rowena, et qu'il ne fût déterminé à l'enlever malgré toute la résistance qu'on pourrait lui opposer.

— Par l'ame de saint Édouard, s'écria-t-il, je tirerai lady Rowena des mains de ce perfide chevalier, et il périra de la mienne !

— Pensez bien à ce que vous allez faire, lui dit Wamba, et n'allez pas pêcher une grenouille au lieu d'une carpe. Par ma marotte, ce n'est point lady Rowena. Voyez seulement ces longs cheveux noirs qui flottent sur ses épaules. Si vous ne savez pas distinguer le blanc du noir, comment voulez-vous être chef? Vous pouvez marcher en avant, si bon vous semble, mais, par saint Dunstan, je ne vous suivrai pas; je ne me ferai pas rompre les os sans savoir pour qui. Et songez-vous que vous êtes sans armure, sans casque? croyez-vous qu'un bonnet de soie puisse parer les coups d'un acier bien affilé? *Deus vobiscum*, vaillant Athelstane; que celui qui a soif aille à l'abreuvoir. Et en même temps il lâcha le pan de l'habit du noble Saxon, qu'il avait tenu jusqu'alors.

S'emparer d'une masse-d'armes que la main d'un mourant venait de laisser échapper, s'élancer sur la troupe de Bois-Guilbert, frapper à droite et à gauche, en renversant un guerrier à chaque coup, ce fut l'affaire d'un moment pour Athelstane, à qui la fureur donnait une nouvelle force. Il fut bientôt à deux pas de celui qu'il cherchait, et l'appelant à grands cris : — Renégat de templier, s'écria-t-il, laisse en liberté celle que tu es indigne de toucher; défends-toi, chef d'une bande de voleurs et d'assassins!

— Chien! répondit le templier en grinçant les dents, je t'apprendrai à blasphémer le saint ordre du Temple de Sion. A ces mots, il fit faire une courbette à son coursier, s'élança contre Athelstane en se levant sur les étriers pour donner plus de force à son bras, et lui porta sur la tête un coup épouvantable.

Wamba avait eu raison de dire qu'un bonnet de soie ne pouvait être à l'épreuve de l'acier. Le coup fatal fut asséné par le templier avec tant de force, qu'il brisa le manche de la masse-d'armes, qu'Athelstane leva pour le parer, comme si c'eût été une baguette de saule, et ce coup retomba sur sa tête avec tant de violence, qu'Athelstane fut étendu sur le carreau, les yeux fermés et sans mouvement.

— *Bauséant! Bauséant!* s'écria Bois-Guilbert; périssent ainsi tous les détracteurs des chevaliers du Temple! Profitant de la consternation que la chute d'Athelstane avait répandue parmi les Saxons, il s'écria: — Que ceux qui veulent se sauver me suivent! Et, se frayant un chemin vers le pont-levis, il le traversa, suivi de ses deux Sarrasins et de quelques cavaliers. Il ne fit pas sa retraite sans danger, car quelques archers décochèrent une volée de flèches contre lui et sa suite, mais ils ne songèrent pas à le poursuivre, le pillage du château ayant pour eux plus d'attraits que la vie d'un fuyard.

Il se dirigea vers la barbacane, présumant qu'il était possible que De Bracy s'en fût rendu maître, suivant le plan qu'ils en avaient formé.

— De Bracy! De Bracy! s'écria-t-il en approchant, êtes-vous ici?

— Oui, répondit celui-ci; mais j'y suis prisonnier.
— Puis-je vous secourir?
— Non, je me suis rendu, secouru ou non secouru; je serai fidèle à ma parole. Sauvez-vous; les faucons sont lâchés. Mettez la mer entre l'Angleterre et vous. Je n'ose vous en dire davantage.
— Eh bien! puisque vous voulez rester ici, souvenez-vous que j'ai dégagé ma parole. Quant aux faucons, peu m'importe qui ils sont : les murs de la commanderie de Templestowe offriront au héron une retraite où il pourra braver leurs serres.

A ces mots il prit le galop, et disparut avec sa suite.

Ceux des défenseurs du château qui n'avaient pu le suivre, faute de monture, continuèrent à se défendre, plutôt pour vendre leur vie que dans l'espoir de la sauver, et furent tués jusqu'au dernier. Le feu en ce moment répandait ses ravages dans presque la totalité du château, et Ulrique, placée sur le sommet d'une tour, semblable à une des furies anciennes (1), chantait à haute voix un de ces chants guerriers que faisaient entendre sur le champ de bataille les scaldes des Saxons encore païens. Ses longs cheveux gris flottaient autour de sa tête découverte. L'ivresse de la vengeance satisfaite le disputait dans ses yeux au feu de la démence, et elle

(1) Les furies de la mythologie scandinave auxquelles sir Walter Scott fait ici allusion, étaient au nombre de douze; c'étaient les *Walkyrins*, c'est-à-dire les *choisisseuses des morts*, et servantes d'Odin ou Wooden. Elles étaient montées sur des coursiers rapides, avec des glaives nus à la main ; et dans la mêlée d'une bataille elles *choisissaient* ceux qui étaient destinés au carnage, pour les conduire au Valkala, palais d'Odin, paradis des braves, etc. Avant la bataille, elles formaient un tissu magique avec des lances et des épées, etc. — Éd.

brandissait une quenouille qu'elle tenait à la main, comme si elle avait été une des fatales sœurs chargées de présider à la destinée des hommes et d'en couper le fil (1). La tradition a conservé quelques-unes des strophes de l'hymne barbare (2) qu'elle chantait d'un air de triomphe :

I.

Aiguisez le brillant acier,
Fils du Dragon Blanc (3)!
Allume la torche,
Fille de Hengist (4)!
L'acier ne brille point pour découper les mets du banquet,
C'est une lame dure, large et affilée ;
La torche ne va point à la chambre nuptiale
Elle exhale une vapeur bleue et sulfureuse.
Aiguisez l'acier, le corbeau croasse !
Allumez la torche, Zernebock (5) crie
Aiguisez l'acier, fils du Dragon !
Allume la torche, fille d'Hengist.

(1) Les Nornirs ou *parques* des anciens Saxons avaient beaucoup de ressemblance avec celles des Grecs et des Latins. Leurs noms étaient Urda, Verdandi et Skulda. Ces mots signifient *le passé, le présent* et *l'avenir*. — Éd.

(2) L'auteur écossais traduit littéralement cet hymne en isolant chaque vers, comme nous avons cru devoir le faire à son imitation, afin de conserver la couleur de l'original. — Éd.

(3) Dans les anciennes Sagas, les héros sont souvent désignés par l'emblème de leur bannière ou de leur bouclier. Le Dragon blanc fut un des premiers champions scandinaves. — Éd.

(4) Hengist fut le premier Saxon qui aborda en Angleterre avec Horsa son frère, en 449. — Fille de Hengist signifie en général Saxonne. — Éd.

(5) Un des mauvais génies de la croyance des Saxons.

II.

Le noir nuage s'abaisse sur le château du thane,
L'aigle crie. — Il vole sur la vapeur de l'orage !
Cesse tes cris, oiseau monté sur le noir nuage ;
Ton banquet est prêt.
Les filles de Valhala regardent,
La race d'Hengist leur amènera des hôtes.
Secouez vos noirs cheveux, vierges de Valhala,
Frappez vos bruyans tambours, en signe de joie ;
Maint pied hardi se dirige vers vos demeures,
Mainte tête armée d'un heaulme.

III.

La nuit s'étend bien sombre sur le château du thane,
Les noirs nuages se rassemblent ;
Ils seront bientôt rouges comme le sang des braves !
Le destructeur des forêts agitera sur eux sa crête rouge,
Le brillant destructeur des palais
Déploie les plis flottans de sa bannière de flamme
Rouge, vaste et sombre,
Sur le combat des vaillans :
Il triomphe dans le croisement des épées et des boucliers brisés ;
Il aime à consumer le sang qui s'échappe chaudement en sifflant
de la blessure.

IV.

Tous doivent périr.
Le glaive fend le casque !
Le bras du fort est percé par la lance ;
Le feu dévore le palais du prince,
Les machines renversent les fortifications !
Tous doivent périr !
La race de Hengist est perdue.
Le nom de Horsa n'existe plus !
Ne cherchez donc pas à éviter votre destin, fils du glaive !
Que vos épées boivent le sang comme du vin !
Désaltérez-vous vous-mêmes au banquet du carnage
A la lueur des galeries en flammes !
Que vos épées restent fortes, tant que votre sang reste doué de quelque
chaleur !

> N'épargnez ni par pitié ni par crainte,
> Car la vengeance n'a qu'une heure!
> La haine violente se consume elle-même.
> Moi aussi je dois périr ! ! !

Les flammes avaient enfin surmonté tout obstacle, et elles s'élevaient au ciel en colonnes brillantes qu'on pouvait apercevoir de plusieurs milles à la ronde ; chaque tour, chaque bâtiment s'écroulait successivement, et les vainqueurs, forcés de cesser le pillage, et rassemblés dans la grande cour du château, considéraient cette masse de feu, dont le reflet rougeâtre colorait leurs visages et leurs armes. Quelques-uns des vaincus, qui avaient cherché dans l'édifice embrasé un abri contre la fureur de leurs ennemis, furent écrasés sous les ruines fumantes, et un très-petit nombre parvint à se sauver dans le bois voisin. La tour sur laquelle la Saxonne Ulrique s'était placée résista la dernière ; et on la vit encore long-temps étendre les bras et faire des gestes d'un air de triomphe sauvage, comme si elle avait régné sur l'incendie qu'elle avait allumé. Enfin, la tour s'écroula avec un fracas horrible, et Ulrique fut consumée par les flammes qui avaient dévoré son tyran. Un silence d'horreur régna pendant quelques instants à la vue de cette dernière scène. Locksley fut le premier à le rompre.

— Archers! s'écria-t-il, poussez vos cris de joie, la demeure des tyrans n'existe plus. Qu'on porte le butin à notre rendez-vous ordinaire, sous le grand chêne d'Harthill-Walk, et à la pointe du jour nous en ferons le partage entre nous et les dignes alliés qui ont coopéré à cet acte éclatant de justice et de vengeance.

CHAPITRE XXXII.

« Il n'est pas, croyez-moi, d'état sans politique.
» Les édits furent faits pour l'intérêt des rois ;
» Des peuples, des cités, les chartes font les droits.
» Tout, jusques aux outlaws qui vivent de rapine,
» Connaît le frein secret de quelque discipline.
» Depuis le jour qu'Adam prit son tablier vert,
» Les hommes n'ont jamais pu vivre de concert ;
» Et l'on imagina les lois et leur puissance
» Pour établir entre eux la bonne intelligence. »

Ancienne comédie.

Le jour commençait à poindre sur les clairières de la forêt ; chaque feuille brillait d'une perle de rosée ; la biche faisait sortir son jeune faon des parties du bois les plus touffues, pour paître librement dans quelque endroit plus ouvert, et aucun chasseur ne songeait encore à venir surprendre le cerf majestueux, qui précédait sa compagne.

Les outlaws étaient tous rassemblés autour du grand chêne d'Harthill-Walk, où ils avaient passé la nuit à se reposer des fatigues de leur expédition, les uns à l'aide du vin, les autres en recourant au sommeil, plusieurs en causant des événemens de la journée, et en calculant la valeur du butin que la victoire avait mis à la disposition de leur chef.

Les dépouilles étaient considérables : quoique l'incendie en eût consumé beaucoup, les outlaws, qui ne connaissaient aucun danger quand il s'agissait ou de combat ou de pillage, avaient réussi à s'emparer de la vaisselle d'or et d'argent, de riches armures et de vêtemens précieux. Cependant les lois de leur société étaient si strictes et si bien exécutées, que pas un seul d'entre eux n'osa s'en approprier la moindre partie. Tout fut fidèlement mis en commun, pour que le chef en fît lui-même la distribution.

Le lieu du rendez-vous était un vieux chêne; ce n'était pas celui sous lequel Locksley avait conduit Gurth et Wamba au commencement de notre histoire, mais un autre non moins antique, situé à un mille des ruines du château incendié. Autour de son tronc noueux, la clairière formait une espèce d'amphithéâtre. Ce fut là que Locksley prit place sur un trône de gazon, sous les branches touffues du grand chêne; et sa troupe se plaça en demi-cercle autour de lui. Il invita le chevalier Noir à s'asseoir à sa droite, et Cedric à sa gauche.

— Pardonnez ma liberté, nobles seigneurs, leur dit-il; mais dans ces forêts je suis monarque, et mes sujets, ici rassemblés, me verraient de mauvais œil céder, dans mes domaines, la préséance à qui que ce soit. Mais où est donc notre chapelain? où est notre joyeux ermite?

Une courte messe commence bien la matinée parmi des chrétiens.

Personne n'avait vu l'ermite de Copmanhurst.

— Aurions-nous perdu notre brave clerc? continua Locksley : j'espère qu'il faudra attribuer son absence à la bouteille. Quelqu'un l'a-t-il vu depuis la prise du château?

— Je l'ai vu, dit Meunier, cherchant à enfoncer la porte d'un caveau, et jurant, par tous les saints du calendrier, qu'il goûterait les vins de Gascogne de Front-de-Bœuf.

— Et de par tous les saints, dit le chef, il y sera resté à boire jusqu'à ce que le château l'ait enseveli sous ses ruines. Partez, Meunier; prenez douze hommes avec vous, et visitez l'endroit où vous l'avez vu. Prenez de l'eau dans le fossé pour en arroser les ruines brûlantes. De par Dieu, je ferai retourner toutes les pierres du château l'une après l'autre pour retrouver mon chapelain.

Le grand nombre de ceux qui se levèrent pour s'offrir pour ce service, malgré la distribution intéressante qui allait avoir lieu, prouvait combien la troupe avait à cœur la sûreté de son père spirituel.

— En attendant, continua Locksley, songeons à nos affaires; car, quand le bruit de notre exploit se sera répandu, les troupes de De Bracy, de Malvoisin et des autres alliés de Front-de-Bœuf vont se mettre en mouvement contre nous; et il est prudent de songer à notre sûreté. Noble Cedric, j'ai fait faire deux parts des dépouilles; choisissez celle qu'il vous plaira pour en faire des largesses à ceux de vos vassaux qui nous ont secondés.

— Brave yeoman, répondit Cedric, mon cœur est plongé dans la tristesse. Le noble Athelstane de Coningsburgh n'existe plus. Athelstane, le dernier rejeton du saint roi confesseur ! Avec lui ont péri des espérances qui ne peuvent plus renaître. L'étincelle qui vient de s'éteindre dans son sang ne peut être rallumée par aucun effort humain. Mes gens, sauf le petit nombre que vous voyez ici, n'attendent que ma présence pour transporter ses restes déplorables dans le château de ses ancêtres. Lady Rowena désire retourner à Rotherwood, et il lui faut une escorte suffisante. Je vous aurais donc déjà quitté, si je n'avais attendu, non le partage des dépouilles de l'ennemi, car, s'il plaît à Dieu et à saint Withold, ni moi ni les miens nous n'en toucherons la valeur d'un liard, mais l'instant où vous seriez tous rassemblés, pour vous remercier, ainsi que vos braves compagnons, d'avoir sauvé l'honneur et la vie à ma noble pupille.

— Comment donc, reprit le chef des outlaws, nous n'avons fait tout au plus que la moitié de la besogne ; prenez donc la moitié des dépouilles pour récompenser vos voisins et vos vassaux.

— Je suis assez riche pour le faire, dit Cedric, sans toucher à votre butin.

— Et quelques-uns d'entre eux, dit Wamba, ont été assez sages pour se récompenser eux-mêmes. Ne croyez pas qu'ils s'en soient tous allés les mains vides ; nous ne portons pas tous la livrée bigarrée.

— Ils en étaient les maîtres, dit Locksley : nos lois ne sont obligatoires que pour nous.

— Mais toi, mon pauvre fou, dit Cedric en avançant vers Wamba, qu'il embrassa, comment te récompenserai-je, toi qui n'as pas craint de te charger des chaines que portait ton maître, de sacrifier ta vie pour la sienne? Qui m'a jamais donné une telle preuve d'affection et de fidélité?

Une larme brillait dans l'œil du thane tandis qu'il parlait ainsi. C'était un tribut de sensibilité qu'il n'avait pas accordé même à la mort d'Athelstane. Mais il y avait dans l'attachement et la fidélité d'instinct de son fou quelque chose qui faisait naître en lui une émotion plus vive que la douleur même.

— Si vous payez mes services avec les larmes de vos yeux, dit Wamba en tâchant par respect de se soustraire aux caresses de son maître, il faudra donc que je pleure aussi; et alors que devient ma profession? Mais, mon oncle, si vous voulez me récompenser, pardonnez à mon camarade Gurth d'avoir dérobé une semaine à votre service pour la donner à votre fils.

—Lui pardonner! s'écria Cedric : il mérite autre chose que le pardon, et je lui dois une récompense. Approche Gurth, et mets un genou en terre.

Le garde des pourceaux obéit à l'instant.

— Tu n'es plus THEOW ni ESNE (1), dit Cedric en le touchant d'une baguette, tu es FOLK-FREE et SACLESS, homme libre, en ville comme en campagne, dans les bois comme dans les champs. Je te donne en outre dix acres de terre dans mon domaine de Walbrugham, que

---

(1) *Theow* et *esne* sont les mots saxons qui signifient esclave, et *folk-free*, *sacless*, libre. Nous avons conservé ces mots dans ce passage comme sacramentels, et pour donner une idée complète de la cérémonie saxonne de l'*affranchissement* ou *manumission*. Le don de terres accompagnait fréquemment l'affranchissement volontaire : les esclaves avaient aussi le droit de se racheter. — Éd.

tu tiendras de moi et des miens, dès à présent et à jamais ; et que la malédiction de Dieu tombe sur la tête de celui qui me démentirait.

Ravi d'être sorti du servage, enchanté de se trouver libre et propriétaire, Gurth en se relevant bondit deux fois de joie, et sauta presque à la hauteur de sa tête.

— Un forgeron et une lime ! une lime ! s'écria-t-il : pour ôter ce collier du cou d'un homme libre ! Mon noble maître, vous avez doublé mes forces par votre générosité, et j'en combattrai pour vous avec un double courage. Je sens un cœur libre battre en moi. Je me sens tout changé, et tout change à mes yeux. Ah ! Fangs, te voilà ! reconnais-tu encore ton maître ?

— Oui, dit Wamba, Fangs et moi nous te reconnaissons encore, quoique nous portions encore le collier ; c'est toi qui peut-être bientôt nous auras oublié, et toi-même avec nous.

— Je m'oublierai moi-même en effet, avant de t'oublier, mon fidèle camarade, dit Gurth, et si la liberté avait pu t'être avantageuse, le noble Cedric te l'aurait accordée avant de songer à moi.

— Non, dit Wamba, je ne suis point encore assez fou pour te porter envie, mon ami Gurth ; le serf est assis au coin du feu, quand il faut que l'homme libre coure les champs et travaille. Et que dit Oldhelm de Malmsbury ? Il faut mieux être fou dans un festin que sage dans une mêlée.

On entendit alors un bruit de chevaux, et presque au même instant on vit paraître lady Rowena, richement vêtue, montée sur un superbe palefroi, et entourée d'une suite nombreuse d'écuyers armés, dont tous les traits exprimaient la joie qu'ils éprouvaient de voir leur maîtresse en liberté. Elle avait repris toute la dignité de son maintien : sa pâleur seule annonçait combien elle avait souffert. On voyait encore sur son front un léger nuage de chagrin, mais tempéré par les espérances qu'elle conservait pour l'avenir, et par la gratitude que sa délivrance lui inspirait pour le ciel et pour ceux qui en avaient été les instrumens.

On lui avait appris qu'Ivanhoe vivait et qu'Athelstane n'existait plus. La première nouvelle l'avait remplie de la joie la plus pure, et la seconde, en lui causant quelques regrets, lui donnait la consolation de savoir qu'elle ne serait plus exposée aux importunités de Cedric, qui voulait la déterminer à l'épouser.

Lorsque lady Rowena s'avança vers Locksley, il se leva pour la recevoir, et tous ses archers en firent autant par un instinct naturel de courtoisie. Ses joues se couvrirent un instant d'une aimable rougeur, et, faisant une noble inclination qui confondit un moment les boucles de ses longs cheveux avec la crinière de son coursier, elle exprima en peu de mots sa reconnaissance au brave yeoman et à ses autres libérateurs. — Que Dieu et la sainte Vierge vous récompensent, braves gens, finit-elle par leur dire, pour avoir si galamment, et au péril de vos jours, embrassé la cause des opprimés. Si jamais quelques-uns de vous ont faim ou soif, qu'ils se souviennent que lady Rowena est riche, et qu'elle est reconnaissante. Si les Normands vous forcent de quitter cette forêt, songez que lady Rowena en possède d'autres où vous pourrez chasser à volonté.

— Je vous remercie, noble dame, dit Locksley, je vous remercie pour mes compagnons et pour moi. Vous avoir délivrée porte avec soi sa récompense. Nous ne faisons pas toujours des œuvres méritoires dans nos forêts, mais la délivrance de lady Rowena en est une qui doit en expier bien d'autres.

Lady Rowena, les ayant salués de nouveau, allait partir; mais, s'étant arrêtée un instant afin d'attendre Cedric qui devait l'accompagner, et qui faisait aussi ses adieux, elle se trouva inopinément à côté du prisonnier De Bracy. Il était debout sous un arbre, enfoncé dans de profondes réflexions, les bras croisés sur la poitrine, et lady Rowena se flatta qu'il ne l'avait pas aperçue. Elle se trompait pourtant : il l'avait reconnue; mais la honte le retint quelques instans dans l'irrésolution ; enfin, s'avançant vers elle, il saisit son palefroi par la bride, et lui dit :

—Lady Rowena daignera-t-elle jeter les yeux sur un chevalier captif, sur un soldat déshonoré ?

— Sire chevalier, lui répondit-elle, dans des entreprises telles que la vôtre, le véritable déshonneur consiste à y réussir.

—La gloire du triomphe doit adoucir le ressentiment, reprit De Bracy. Que j'apprenne seulement que lady Rowena daigne pardonner la violence occasionée par une malheureuse passion ; et elle verra bientôt que De Bracy sait la servir plus noblement.

— Je vous pardonne, sire chevalier, répondit lady Rowena, mais ce n'est qu'en qualité de chrétienne.

— Ce qui signifie, dit Wamba, qu'elle ne lui pardonne pas du tout.

— Mais je ne puis jamais oublier, continua-t-elle, les malheurs et la désolation qui ont été la suite de votre folie.

— Lâche la bride du cheval de cette dame, dit Cedric

qui survint en ce moment. Par le soleil qui nous éclaire, si ce n'était la honte qui me retient, je te clouerais avec ma javeline contre cet arbre. Mais sois bien assuré, Maurice De Bracy, que tu paieras bien cher la part que tu as prise à cette infâme action.

— On ne risque rien à menacer un prisonnier, dit De Bracy : mais quand un Saxon connut-il jamais un sentiment de courtoisie ?

Reculant alors de quelques pas, il laissa lady Rowena se remettre en route.

Cedric, avant de partir, témoigna particulièrement sa reconnaissance au chevalier Noir, et le pressa vivement de l'accompagner à Rotherwood.

— Je sais, lui dit-il, que vous autres chevaliers vous aimez à promener votre fortune dans le monde à la pointe de votre lance; mais la gloire des armes est une maîtresse inconstante ; et le champion le plus brave sent quelquefois le désir d'avoir un domicile fixe. Vous en avez un dans le château de Rotherwood, noble chevalier ; Cedric est assez riche pour réparer les torts que la fortune peut avoir eus envers vous, et tout ce qu'il possède appartient à son libérateur. Venez donc à Rotherwood, non en qualité d'hôte, mais comme un fils ou comme un frère.

— Cédric m'a déjà rendu riche, répondit le chevalier : il m'a appris à connaître le prix de la valeur des Saxons. Vous me verrez à Rotherwood, brave Saxon, vous m'y verrez bientôt ; mais en ce moment des affaires d'un intérêt pressant m'appellent d'un côté tout opposé. Au surplus, quand j'y viendrai, il peut se faire que je vous demande un don qui mettra votre générosité à l'épreuve.

— Il est octroyé d'avance, dit Cedric en frappant dans la main du chevalier Noir; il est octroyé, quant il s'agirait de la moitié de ma fortune.

— Ne faites pas de promesses si légèrement, dit le chevalier au cadenas; cependant j'espère pouvoir obtenir le don que j'aurai à vous demander. En attendant, recevez mes adieux.

— Il me reste à vous dire, ajouta le Saxon, que pendant les obsèques du noble Athelstane j'habiterai son château de Coningsburgh. Il sera ouvert à quiconque voudra prendre part au banquet funéraire; et, je parle au nom de la noble Edith, mère de ce dernier des princes saxons, il ne sera jamais fermé à celui qui a combattu si vaillamment, quoique inutilement, pour délivrer son fils des chaines et du glaive des Normands.

— Oui, oui, dit Wamba, qui avait repris son poste près de son maître, il y aura grand régal au château de Coningsburgh. Quel dommage que le noble Athelstane ne puisse assister au banquet de ses funérailles! Mais, continua le bouffon en levant gravement les yeux vers le ciel, il soupe ce soir dans le paradis, et il fera sans doute honneur à la bonne chère.

— Paix! silence! et partons, dit Cedric, qui ne goûtait nullement cette plaisanterie, mais qui ne pouvait se résoudre à gronder Wamba après le service important qu'il venait de lui rendre si récemment.

Lady Rowena salua avec grace le chevalier Noir; Cedric lui dit qu'il souhaitait que Dieu fît réussir tous ses projets; et ils disparurent bientôt derrière les arbres.

A peine les avait-on perdus de vue, qu'on vit paraître une procession solennelle qui venait du côté de Torquilstone, et qui s'avançait dans la même direction qu'avaient prise Cedric et sa suite. C'étaient les moines d'un couvent voisin, qui, par principe de piété, ou dans l'espoir d'une ample donation, ou *sout-scat*, que Cedric avait promise, s'étaient emparés du corps d'Athelstane, et, l'ayant déposé dans un cercueil magnifique qui était porté sur les épaules de ses vassaux, le conduisaient au château de Coningsburgh, pour le déposer dans la sépulture d'Hengist, dont sa famille tirait son origine. Un grand nombre de ses vassaux s'étaient rassemblés en apprenant la nouvelle de sa mort, et suivaient son cercueil avec les signes, au moins extérieurs, du regret et du chagrin. Tous les outlaws se levèrent spontanément une seconde fois, et rendirent à la religion et à la mort le même hommage qu'ils venaient de rendre à la beauté. La marche lente et le chant solennel des moines rappela à leur mémoire quelques-uns de leurs camarades qui avaient succombé dans le combat de la veille : mais de pareils souvenirs ne durent pas long-temps dans le cœur de gens dont la vie n'est qu'une suite d'entreprises et de dangers ; et, avant que le son des hymnes eût cessé de se faire entendre, un autre objet occupait leurs pensées, il s'agissait de partager les dépouilles.

— Vaillant guerrier, dit Locksley au chevalier Noir, veuillez choisir dans ces dépouilles tout ce qui peut vous être utile et agréable, afin de vous souvenir de mon grand chêne; et ne soyez pas modeste : personne n'y a des droits aussi bien acquis ; car, sans votre tête et votre bras, nous aurions échoué dans notre entreprise.

— J'accepte votre offre aussi franchement que vous

me la faites, et je vous demande la permission de disposer à mon gré de Maurice De Bracy.

— N'est-il pas votre prisonnier? il vous appartient déjà, et cela n'est pas malheureux pour lui; car sans cela j'aurais fait pendre le tyran à la plus haute branche de ce chêne, et j'en réserve autant à tous les hommes de sa compagnie franche qui tomberont entre mes mains. Mais il est votre prisonnier; et il n'aurait rien à craindre de nous, eût-il tué mon père.

— De Bracy, dit le chevalier Noir, tu es libre, retire-toi. Celui dont tu es le prisonnier ne connaît pas le vil plaisir de la vengeance : il oublie le passé. Mais prends garde à l'avenir, il pourrait te devenir plus funeste; prends-y garde, Maurice De Bracy.

De Bracy salua en silence, de l'air du plus profond respect; et il allait partir, quand les yeomen lui adressèrent une nuée de malédictions et de moqueries. Le fier chevalier s'arrêta à l'instant, se retourna vers eux, croisa les bras sur sa poitrine, et les regardant d'un air de hauteur : — Paix! leur dit-il, vous êtes de ces chiens hargneux, toujours âpres à la curée, qui n'oseraient relancer le cerf dans son fort. De Bracy méprise vos injures autant qu'il dédaignerait vos éloges. Des voleurs, des outlaws tels que vous, devraient garder le silence, quand on parle d'un noble ou d'un chevalier à une lieue de leurs tanières.

Cette bravade mal avisée aurait attiré sur lui une volée de flèches, si le chef ne se fût hâté de défendre qu'on lui fît aucun mal. Il lui permit même de prendre un des chevaux qu'on avait trouvés dans les écuries de Front-de-Bœuf, et qui faisaient partie du butin; et De Bracy, s'étant mis légèrement en selle, partit à toute bride.

Quand le tumulte occasioné par cet incident se fut apaisé, Locksley, détachant de son cou le cor et le baudrier qu'il avait gagnés à la passe-d'armes d'Ashby, les présenta au chevalier Noir.

— Noble chevalier, dit-il, si vous ne dédaignez pas d'accepter un cor que j'ai porté, veuillez conserver celui-ci comme un souvenir de vos exploits dans la journée d'hier. Si jamais, ce qui peut arriver au plus brave chevalier, vous avez besoin de secours dans quelqu'une des forêts qui sont entre le Trent et le Tees, sonnez *trois mots* (1) de ce cor, *wa - sa - hoa!* et il sera possible que vous trouviez des défenseurs.

Il sonna lui-même alors du cor, et répéta plusieurs fois les mêmes notes, pour les graver dans le souvenir du chevalier.

— J'accepte ce présent, brave archer; et, dans le besoin le plus urgent, je ne chercherai pas de meilleurs défenseurs que vous et vos compagnons d'armes.

Il sonna alors du cor à son tour, et il fit retentir toute la forêt des mêmes sons que Locksley venait de faire entendre.

— Bien sonné, dit celui-ci. On dirait que vous avez fait la guerre dans les bois aussi-bien que devant les places fortes; et je suis bien trompé si vous n'avez pas été aussi, dans votre temps, un chasseur de daims. Camarades, rappelez-vous ces *trois mots*. C'est l'appel du chevalier au cadenas; et quiconque l'entendra sans voler à son secours sera chassé de notre compagnie avec son arc brisé sur ses épaules.

(1) Les notes du cor étaient appelées *mots*. Dans les vieux traités sur la chasse, les notes sont indiquées, non par des caractères de musique, mais par des mots écrits.

— Vive notre chef ! crièrent tous les yeomen ; vive le chevalier Noir au cadenas ! puisse-t-il nous fournir bientôt l'occasion de lui prouver combien nous désirons lui être utiles !

Locksley procéda alors à la distribution du butin, ce qu'il fit avec la plus grande impartialité. Un dixième fut mis à part pour l'Église et pour des usages pieux et charitables. Une portion fut réservée pour entrer dans ce qu'on appelait le trésor public, et l'on en destina une autre pour les femmes et les enfans de ceux qui avaient péri dans l'assaut, et pour faire dire des messes pour le repos de leurs ames. Le reste fut partagé suivant le rang et le mérite de chacun. S'il se présentait quelque question douteuse ou délicate à résoudre, le chef la décidait avec autant d'équité que d'adresse, et l'on souscrivait à son jugement avec une entière soumission. Le chevalier Noir ne fut pas peu surpris de voir que des hommes qui vivaient pour ainsi dire en état de rébellion contre les lois de la société se gouvernassent entre eux d'une manière si régulière et si équitable, et tout ce qu'il observait ajouta encore à l'opinion favorable qu'il avait conçue de la justice et du bon sens de leur chef.

Chacun prit sa portion du butin, et le trésorier, aidé de quatre vigoureux yeomen, fit porter en lieu de sûreté la portion qui était dévolue au trésor ; mais personne ne touchait au dixième réservé à l'Église.

— Je voudrais, dit le chef, avoir des nouvelles de notre joyeux chapelain. Jamais il ne s'est absenté à l'instant de dire le *benedicite* ou de partager des dépouilles. C'est à lui qu'il appartient de prendre soin de cette portion. D'ailleurs j'ai un saint homme de ses confrères que je tiens prisonnier à deux pas d'ici, et je voudrais que l'ermite m'aidât à le traiter d'une manière convenable. Mais j'ai bien peur que nous ne le revoyions plus.

— J'en aurais bien du regret, dit le chevalier Noir : je lui dois de la reconnaissance pour l'hospitalité qu'il m'a accordée pendant une nuit que nous avons joyeusement passée dans sa cellule. Rendons-nous sur les ruines du château, nous en obtiendrons plus tôt des nouvelles.

Il avait à peine prononcé ces mots, que de grands cris annoncèrent l'arrivée de celui pour la sûreté duquel ils craignaient ; et l'on n'en put douter en entendant sa voix de stentor long-temps avant de voir paraître le burlesque personnage.

— Place, mes bons amis, place à votre père spirituel et à son prisonnier. J'arrive, noble chef, comme un aigle, avec ma proie dans mes serres. Et, se frayant un passage parmi ses compagnons, au milieu des éclats de rire de tous ceux qui l'entouraient, il parut, tel qu'un triomphateur, tenant d'une main une pertuisane, et de l'autre une corde dont le bout était attaché au cou du malheureux Isaac d'York, qui, courbé par le chagrin et la terreur, suivait d'un air humilié l'ermite victorieux. —Où est Allan-a-Dale, demanda-t-il, pour composer une ballade ou un lai en mon honneur ? Par sainte Hermangilde, ce mauvais ménétrier a toujours soin d'être absent quand il se trouve une occasion pour exercer ses talens.

—Brave ermite, dit Locksley, je vois que, quoiqu'il soit de bonne heure, tu as déjà dit une messe sans eau ce matin. Mais, au nom de saint Nicolas, quel gibier nous amènes-tu là ?

— Un captif dû à ma lance et à mon épée, ou, pour mieux dire, à mon arc et à ma pertuisane. Mais, tout captif qu'il est, je l'ai délivré d'un esclavage plus dangereux. Parle, juif, ne t'ai-je pas racheté des griffes de Satan ? ne t'ai-je pas appris ton *Credo*, ton *Pater* et ton *Ave Maria ?* n'ai-je point passé toute la nuit à boire à ta conversion, à t'expliquer les mystères.

— Pour l'amour de Dieu, s'écria le pauvre juif, personne ne me délivrera-t-il des mains de ce fou : je veux dire de ce saint homme ?

— Que veut dire ceci juif ? dit l'ermite en prenant un air menaçant : serais-tu relaps, juif ? Prends-y bien garde, car si tu retombes dans ton infidélité, quoique tu ne sois pas aussi tendre qu'un cochon de lait, et plût au ciel que j'en eusse un pour mon déjeuner ! tu n'es pas encore trop dur pour être rôti. Sois docile, Isaac, et répète après moi la sainte prière *Ave Maria*.

— Paix ! dit Locksley, je ne veux point ici de profanations. Contez-nous plutôt comment vous avez fait ce prisonnier.

— Par saint Dunstan, je l'ai trouvé en cherchant meilleure marchandise. Je m'occupais à faire la revue des caves du château, pour voir si l'on n'en pourrait rien sauver ; car, quoiqu'une coupe d'eau-de-vie brûlée avec des épices offre une boisson digne d'un empereur, il me semblait qu'en faire trop à la fois serait un gaspillage. J'avais déjà trouvé un petit baril de vin des Canaries et j'allais appeler pour m'aider quelqu'un de ces fainéants qui se font toujours chercher quand il s'agit de faire une bonne œuvre, quand j'aperçus une porte solide. Ah ! ah ! pensai-je, c'est sans doute là que je trouverai les trésors liquides du château, et le coquin de sommelier, troublé dans ses fonctions, aura laissé la clef à la porte. J'ouvris bien vite, j'entrai, et je ne trouvai rien, si ce n'est des chaînes, un immense gril, et ce chien de juif qui, sans se faire prier, s'est sur-le-champ rendu mon prisonnier, — secouru ou non secouru. — Je n'avais eu que le temps de me rafraîchir de la fatigue du combat avec un verre de vin que je fis goûter à l'Israélite, et j'allais entraîner mon captif, lorsque avec un fracas comparable à celui de la foudre, une tour s'écroula tout à coup, et nous restâmes bloqués par les décombres. A la chute d'une tour succéda celle d'une autre. Je perdis tout espoir de la vie, et, me regardant comme déshonoré si je quittais ce monde dans la compagnie d'un juif, je levai ma pertuisane pour l'expédier; mais j'eus pitié de ses cheveux blancs, et il me vint à l'esprit que je ferais mieux de recourir à mes armes spirituelles, et de travailler à sa conversion. Graces en soient rendues à saint Dunstan, la semence est tombée sur bonne terre. Seulement je me sens la tête fatiguée de lui avoir expliqué nos saints mystères pendant toute la nuit, car je ne faisais que boire un coup de temps en temps pour me rafraîchir le gosier, afin de pouvoir continuer mes instructions. Aussi Gilbert et Wibbald savent dans quel état ils m'ont trouvé, après qu'on eut dérangé les pierres qui nous bloquaient. J'étais complètement épuisé.

—Nous pouvons rendre témoignage, dit Gilbert, que lorsque, par la grace de saint Withold, nous entrâmes dans le caveau, après avoir dégagé l'escalier qui y conduisait, nous y trouvâmes une barrique à moitié vide, le juif à demi mort, et le frère presque *épuisé*, comme il le dit.

—Vous en avez menti, s'écria l'ermite indigné; c'est vous, ce sont vos gourmands de compagnons qui avez vidé la barrique dont j'avais trouvé le vin si bon que je voulais le réserver pour la bouche du capitaine. Je veux qu'on me regarde comme un païen si cela n'est pas vrai; mais vous dites qu'il vous fallait votre coup du matin. Qu'importe au surplus? j'ai converti le juif, et il comprend presque aussi bien, sinon tout aussi bien que moi-même, tout ce que je lui ai expliqué.

—Cela est-il vrai, juif? demanda Locksley : as-tu abjuré ton incrédulité?

—Puissé-je trouver merci près de vous, répondit celui-ci, comme il est vrai que je n'ai pas entendu un seul mot de tout ce que le vénérable prélat m'a dit pendant cette nuit terrible. J'étais tellement absorbé par l'agonie de la crainte et du chagrin, que si notre saint père Abraham était venu du ciel pour m'exhorter, il aurait parlé à sourde oreille.

—Tu mens, juif, s'écria l'ermite, et tu sais que tu mens. Je ne te rappellerai qu'un mot de notre conférence : pour preuve de ta conversion, tu as promis de faire abandon à l'Église de tous tes biens.

—Que tous les patriarches me soient en aide! s'écria Isaac plus alarmé que jamais. Soyez bien convaincus, mes chers seigneurs, que jamais pareille promesse n'a passé par mes lèvres. Je ne suis qu'un pauvre homme, un vieillard; je viens peut-être de perdre ma fille unique; ayez pitié de moi, et permettez-moi de me retirer.

—Si tu rétractes un vœu fait en faveur de la sainte Église, dit le frère chapelain, il faut que tu en fasses pénitence.

Et, levant sa pertuisane, il allait en appliquer le manche sur le dos d'Isaac, quand le chevalier Noir l'arrêta ; ce qui attira sur lui le ressentiment de l'ermite.

— Par saint Thomas de Cantorbéry! s'écria-t-il, si vous me montez la tête, tout couvert de fer que vous êtes, je vous apprendrai à vous mêler de vos affaires.

— Ne vous emportez pas contre moi, brave ermite; souvenez-vous que nous nous sommes juré foi et amitié.

— Je ne me souviens de rien, et vous me rendrez raison de l'insulte que vous venez de me faire.

— Avez-vous donc oublié, dit le chevalier qui semblait prendre plaisir à provoquer son ancien hôte, que, sans parler de la tentation à laquelle vous exposait la vue d'un pâté et d'un flacon, vous avez, pour l'amour de moi, manqué à votre vœu de jeûne.

— Prenez garde, vous ne connaissez pas la pesanteur de mon poing.

— Il ne me ferait pas un présent que je ne vous rendisse avec intérêts. Jamais votre prisonnier n'en pourrait exiger de plus forts dans son trafic.

— C'est ce dont je veux avoir la preuve à l'instant.

— Holà! holà! s'écria Locksley : êtes-vous fou, notre chapelain? une querelle sous notre grand chêne.

— Ce n'est pas une querelle, dit le chevalier Noir, ce n'est qu'une épreuve amicale de nos forces. Allons, digne ermite, frappez; je m'offre à soutenir votre coup, si vous voulez ensuite recevoir le mien.

— Bien volontiers. Vous avez l'avantage, avec votre pot de fer sur la tête! Mais fussiez-vous un autre Goliath dans son armure, vous allez mesurer la terre comme lui.

A ces mots, retroussant sa manche jusqu'au coude, et fermant le poing, il lui porta sur le casque un coup qui aurait renversé un bœuf : mais son adversaire resta ferme comme un roc, et tous les yeomen poussèrent une acclamation.

— A mon tour, dit le chevalier en ôtant son gantelet ; je ne veux pas avoir d'avantage. Nous allons voir si je réussirai mieux.

— *Genam meam dedi vapulatori.* J'ai livré ma joue à la main de mon ennemi, dit le prêtre ; je vous abandonne la rançon de ce juif, si vous pouvez seulement me faire bouger d'un pouce.

Ainsi parlait l'ermite en prenant un ton de bravade : mais qui peut fuir son destin ? Le coup du chevalier Noir fut porté avec tant de vigueur, que son antagoniste tomba par terre, au grand étonnement des spectateurs.

Il se releva sur-le-champ, et, sans montrer ni confusion ni colère : — Frère, dit-il au chevalier, vous auriez dû n'user de votre force qu'avec ménagement. J'aurais estropié la messe si vous m'aviez cassé la mâchoire ; car le joueur de cornemuse ne peut plus souffler s'il n'a ses dents en bon état ; mais voici ma main en signe que je ne ferai plus de pareils marchés avec vous. Je vois que je ne pourrais qu'y perdre. Ne pensons plus à ce qui s'est passé, et songeons à la rançon du juif, car le léopard ne change jamais de robe, et le juif sera toujours juif.

— Notre chapelain, dit Gilbert, ne compte plus tant sur la conversion du juif, depuis qu'il a reçu une petite correction.

— De quoi te mêles-tu de parler de conversion ? N'y a-t-il plus de subordination ici ? Tout le monde y est-il maître ? Apprends, drôle, que j'étais épuisé de fatigue, quand j'ai reçu le coup du chevalier, sans quoi je l'aurais soutenu tout autrement; et si tu veux recommencer ensemble la même partie, je te ferai voir.....

— Paix! paix! s'écria Locksley; nous avons à nous occuper d'autres affaires. Et toi, juif, songe à ce que tu peux nous offrir pour ta rançon. Je n'ai pas besoin de te dire que ta race est réputée maudite dans toute société chrétienne, et que par conséquent ta présence nous est désagréable. On va donc te conduire à l'écart pendant que je ferai venir un prisonnier d'une autre espèce, et tu auras le temps de réfléchir à ta rançon.

— A-t-on pris un grand nombre des soldats de Front-de-Bœuf? demanda le chevalier Noir.

— Pas un seul dont on pût espérer une rançon, répondit Locksley; quelques pauvres hères à qui j'ai permis d'aller chercher un autre maître. Il n'y avait nul profit à les garder, et nous en avons assez fait pour la vengeance. Tous ensemble ne valaient pas un quart d'écu. Mais le prisonnier dont je parle est de meilleur aloi; c'est un moine qu'on prendrait pour un galant qui va visiter sa belle, à en juger par son élégance et par la finesse de son linge. Mais voici le digne prélat, aussi pimpant qu'un courtisan.

Et l'on vit paraître devant le trône du chef des yeomen notre ancien ami Aymer, prieur de Jorvaulx, escorté de deux archers.

CHAPITRE XXXIII.

—

<table>
<tr><td></td><td>« — Où donc est Lartius? Que fait-il à présent?</td></tr>
<tr><td>Marcius.</td><td>» — De sa place il remplit le devoir imposant.</td></tr>
<tr><td></td><td>» Il condamne, il absout, il exile, il pardonne,</td></tr>
<tr><td></td><td>» Délivre l'un des fers, quand à l'autre il en donne. »</td></tr>
</table>

SHAKSPEARE. *Coriolan.*

Les traits et les manières du prieur prisonnier offraient un singulier mélange d'orgueil offensé, de fatuité dérangée, et d'une terreur visible.

— Eh bien! messieurs, dit-il d'un ton où l'on reconnaissait ces trois sentimens, que signifie une telle conduite? Êtes-vous des Turcs ou des chrétiens, pour porter ainsi les mains sur un membre du clergé? Savez-vous ce que c'est que *manus imponere in servos Domini?* Vous avez pillé mes malles, déchiré une aube de superbe dentelle qui était digne d'un cardinal : tout autre à ma place aurait déjà prononcé le terrible *Excommunico vos;* mais je suis indulgent, et si vous remettez en liberté les frères qui m'accompagnaient, si vous me rendez mon palefroi et mes malles, si vous envoyez en toute hâte cent couronnes d'argent au prieuré de Jorvaulx pour faire dire des messes à votre intention, et si vous faites vœu de ne pas manger de venaison, par esprit de pénitence, d'ici à la Pentecôte, il pourra se faire que vous n'entendiez point parler de cette incartade.

— Vénérable prieur, reprit le chef des outlaws, j'apprendrais avec peine qu'aucun homme de ma suite vous eût traité de manière à mériter vos réprimandes paternelles.

— Traité! répéta le prieur, puisant un nouveau courage dans le ton de douceur de Locksley; ils m'ont traité comme on ne traiterait pas un chien de bonne race, à plus forte raison un chrétien, bien moins encore un prêtre, et surtout le prieur du saint couvent de Jorvaulx. Il y a là un ménestrel ivre et profane, nommé Allan-a-Dale, *nebulo quidam,* qui m'a menacé de punition corporelle, de mort même, si je ne paie comptant quatre cents couronnes de rançon, indépendamment de tous mes bagages qu'il m'a pris, de chaînes d'or et d'anneaux dont je ne pourrais apprécier la valeur, sans parler d'une infinité d'objets délicats qui se sont brisés entre ses mains rudes, comme, par exemple, ma poudrière et ma petite pince d'or.

— Il est impossible qu'Allan-a-Dale ait traité de la sorte un homme si vénérable, dit le chef.

— Cela est pourtant aussi vrai que l'évangile de saint Nicodème. Il a juré, en faisant les sermens les plus affreux, que si je ne payais cette somme, il me pendrait lui-même à l'arbre le plus élevé de cette forêt.

— L'a-t-il juré, révérend prieur? En ce cas vous feriez bien de céder à sa demande; car je sais qu'Allan-a-Dale n'est pas homme à manquer à ses promesses.

— Vous voulez plaisanter, dit le prieur interdit, en s'efforçant de rire: ah! ah! ah! j'aime autant que vous une bonne plaisanterie, mais quand elle a duré toute la nuit, on peut reprendre son sérieux le matin.

— Aussi vous dis-je aussi sérieusement qu'un grave confesseur, qu'il faut nous payer une bonne rançon, sire prieur, sans quoi on peut faire une nouvelle élection dans votre couvent, car on ne vous y reverra plus.

— Êtes-vous chrétiens, dit le prieur, pour oser parler ainsi à un dignitaire de la sainte Église?

— Si nous sommes chrétiens? oui, sans doute, et nous pouvons vous en donner la preuve. Qu'on appelle le chapelain, et qu'il cite au vénérable prieur quelque texte qui ait rapport au sujet.

L'ermite, encore à moitié ivre, avait passé un froc qui ne cachait qu'en partie son justaucorps vert; appelant à son aide le peu d'érudition qu'il avait eue autrefois, il s'avança vers Aymer: — Respectable prieur, lui dit-il, *Deus salvam faciat benignitatem vestram!* vous êtes le bienvenu dans nos bois.

— Et quelle est cette mascarade profane! s'écria le prieur. Mon ami, si vous appartenez réellement au clergé, vous feriez mieux de m'apprendre comment je puis me tirer des mains de ces gens-là, que de rester devant moi à faire des gestes et des grimaces comme un baladin des danses moresques.

— En vérité, en vérité, dit le frère, je n'en connais qu'un seul moyen: c'est aujourd'hui la Saint-André pour nous, et nous faisons la collecte de nos dîmes.

— Mais vous ne les prenez pas sur le clergé, j'espère, mon cher frère?

— Sur le clergé comme sur les laïques. Aussi je vous dis, révérend prieur, *Facite vobis amicos de Mammone iniquitatis*, faites-vous les amis du Mammon d'iniquité; c'est la seule amitié qui puisse vous tirer d'affaire.

— J'aime un brave forestier de toute mon ame, dit le prieur, et c'est une raison pour que vous me traitiez favorablement; car, et moi aussi, je suis chasseur, et je puis sonner du cor de manière à ébranler tous les arbres de cette forêt.

— Qu'on lui donne un cor, dit Locksley, afin que nous ayons une preuve de son savoir-faire.

Un archer lui présenta un cor, et le prieur en sonna d'une manière qui aurait satisfait tout chasseur normand; mais Locksley secoua la tête.

— Sire prieur, ce n'est pas là ce qui paiera votre rançon. J'ai lu sur le bouclier d'un chevalier une devise qui dit qu'une fanfare ne suffit pas pour rendre un homme libre; d'ailleurs je vous ai jugé au son. — Je vois que vous êtes un de ceux qui corrompent les véritables airs de chasse anglais en y ajoutant des graces et des *tra-li-ra* de France, il vous en coûtera cinquante couronnes de plus de rançon pour avoir manqué aux traditions de la vraie musique de vénerie.

— Vous êtes difficile à contenter, dit le prieur d'un ton d'humeur, mais j'espère vous trouver plus raisonnable sur l'article de la rançon. En un mot, qu'exigez-vous de moi pour me laisser aller où bon me semblera, sans être accompagné d'un détachement de vos gardes?

— Ne serait-il pas à propos, dit à part au capitaine

le lieutenant de la troupe, que la rançon du prieur fût fixée par le juif, et celle du juif par le prieur?

— C'est une idée de fou, dit Locksley, mais elle est plaisante, et je l'adopte. Fais venir le juif.

Dès qu'il fut arrivé : — Avance, juif, lui dit Locksley; regarde ce révérend père, Aymer, prieur de la riche abbaye de Jorvaulx, et dis-nous quelle rançon nous pouvons en exiger. Je suis sûr que tu sais quels sont les revenus de son couvent.

— Oh! assurément, dit Isaac : j'ai fait plus d'une affaire avec les bons pères, et je leur ai acheté du froment, de l'orge et des laines. Oh! c'est une riche abbaye; on y fait bonne chère, et l'on y boit les meilleurs vins du monde. Ah! si j'avais un pareil revenu, quelle riche rançon je vous offrirais!

— Maudit juif, s'écria le prieur, personne ne sait mieux que toi que notre sainte maison est endettée pour les réparations de notre chœur.

— Et pour avoir rempli vos celliers des meilleurs vins de Gascogne l'année dernière, dit le juif; mais ce n'est qu'une bagatelle pour vous.

— Le chien d'infidèle! il voudrait faire entendre que notre sainte communauté n'est chargée de dettes que pour avoir acheté le vin que nous avons obtenu la permission de boire *propter necessitatem, et ad frigus depellendum*. Le scélérat circoncis blasphème la sainte Église, et des chrétiens peuvent l'entendre sans le punir de sa témérité!

— Tout cela est inutile, dit Locksley. Isaac, prononce quelle rançon nous pouvons exiger du révérend prieur, sans vouloir l'écorcher.

— Il peut payer six cents couronnes à vos honorables

valeurs, et il n'en sera pas assis moins à l'aise dans sa stalle.

— Six cents couronnes, dit gravement le chef : soit, je m'en contenterai. — Tu as bien parlé, Isaac. — Vous l'entendez, sire prieur, six cents couronnes. C'est un arrêt.

— C'est un arrêt! s'écria toute la bande : Salomon n'en eût pas rendu un plus sage.

— Vous êtes fous, mes maîtres; dit le prieur : où voulez-vous que je trouve cette somme? En vendant le christ et les chandeliers d'argent de notre grand autel, je pourrai à peine m'en procurer la moitié. Au surplus, il faut pour cela que j'aille à Jorvaulx, et je vous laisserai mes deux prêtres en otage.

— Nous ferons tout le contraire, sire prieur, dit Locksley : vous enverrez vos deux prêtres chercher votre rançon à Jorvaulx, et nous vous garderons en otage jusqu'à ce qu'elle arrive. En attendant, vous ne manquerez ni de bon vin ni de venaison, et puisque vous aimez la chasse, vous chasserez avec nous, et nous vous ferons voir du pays.

— Ou, si vous le préférez, dit Isaac qui désirait se concilier les bonnes graces du chef, j'enverrai chercher à York les six cents couronnes, pourvu que le révérend prieur m'en donne une quittance à valoir sur ce que j'ai à payer au couvent.

— Il te la donnera, Isaac, dit Locksley, et tu feras venir sa rançon avec la tienne.

— La mienne, braves seigneurs! s'écria le juif en changeant de couleur : je vous ai déjà dit que je suis pauvre; je n'ai plus devant les yeux que la ruine et le désespoir. Si je vous payais seulement cinquante couronnes, le bâton du mendiant deviendrait ma seule ressource.

— Le prieur en jugera, dit Locksley. Qu'en dites-vous, père Aymer? le juif est-il en état de payer une bonne rançon?

— S'il en est en état? n'est-ce pas Isaac d'York? Il eût été assez riche pour racheter les dix tribus d'Israël du joug des Assyriens. Personnellement, je le connais peu, mais notre cellérier et notre trésorier ont fait beaucoup d'affaires avec lui, et l'on dit que sa maison à York est si pleine d'or et d'argent, que c'est une honte pour un pays chrétien. Tous les bons chrétiens sont indignés qu'on souffre que de pareilles sangsues se gorgent ainsi aux dépens de tous les citoyens, et même de la sainte Église, à force d'usure et d'extorsions.

— Pas tant de colère, sire prieur, dit le juif. Je prie Votre Révérence de se souvenir que je ne force personne à prendre mon argent. Lorsque quelqu'un vient frapper à ma porte pour en emprunter, prince ou prieur, chevalier ou prêtre, laïque ou membre du clergé, on s'adresse à moi tout autrement. C'est : — Mon cher Isaac, me rendrez-vous ce service? Refuserez-vous un ami dans le besoin? Je serai exact au terme convenu. — Mais quand le terme arrive, c'est : — Chien de juif! que toutes les plaies d'Égypte tombent sur ta maudite race! — avec toutes les invectives qui peuvent ameuter la populace contre de pauvres étrangers.

— Prieur, dit Locksley, tout juif qu'il est, il n'a pas tout-à-fait tort en cela. Mais voyons, fixez sa rançon comme il a fixé la vôtre, sans vouloir trop le maltraiter.

— Il n'y a qu'un *famosus latro*, latin dont je vous donnerai l'explication en temps et lieu, dit le prieur, qui

5.

puisse n'avoir qu'un poids et une mesure pour un prélat chrétien et un infidèle circoncis. Mais puisque vous exigez que je fixe un prix à la liberté de ce misérable, je vous dirai que vous serez injustes envers vous-mêmes si vous le tenez quitte à moins de mille couronnes.

— C'est un arrêt, un arrêt bien rendu, dit le chef des outlaws. — Un arrêt! un arrêt! s'écrièrent tous les yeomen. Le chrétien montre sa supériorité sur le juif: il nous traite avec plus de générosité.

— Dieu de mes pères! dit Isaac, voulez-vous donc réduire à la mendicité le plus malheureux des hommes? J'ai perdu hier mon enfant, et vous voulez aujourd'hui me faire perdre tout moyen d'existence!

— Si tu n'as point d'enfans, lui dit Aymer, tu n'en as que moins besoin d'être riche.

— Hélas! sire prieur, vos lois ne vous permettent pas de savoir combien nous est cher l'enfant à qui nous avons donné le jour. O Rebecca, fille de ma bien-aimée Rachel! si chaque feuille de cet arbre était un sequin d'or, et que tous ces sequins m'appartinssent, je donnerais de bon cœur tout ce trésor pour savoir quel a été ton destin dans cette funeste journée!

— Ta fille, dit l'un des outlaws, ne portait-elle pas un voile de soie brodé en argent?

— Oui, répondit vivement le vieillard, tremblant non plus de crainte, mais d'impatience; précisément. Que la bénédiction du Dieu de Jacob se répande sur ta tête! peux-tu me dire ce qu'est devenue ma fille?

— C'était sans doute elle que l'orgueilleux templier enlevait hier soir, quand il se fit jour à travers nos rangs. J'avais bandé mon arc pour lui décocher une flèche, mais je n'osai la lancer de peur de blesser la jeune fille.

— Plût à Dieu que ton bras eût été plus ferme, quand tu aurais dû lui percer le sein ! — Plutôt cent fois la tombe de ses pères, que la couche de ce sauvage et licencieux templier. — Ichobad, Ichobad, la gloire de ma maison est obscurcie !

— Mes amis, dit Locksley, ce vieillard n'est qu'un juif, mais son affliction me touche. Allons, Isaac, traite honorablement avec nous. Dis-moi, le paiement de mille couronnes pour ta rançon te laissera-t-il entièrement sans ressources ?

Cette question, faite au juif dans un moment où l'amour paternel faisait taire même celui qu'il avait pour l'argent, ne lui laissa pas sa présence d'esprit ordinaire, et il laissa échapper, presque sans le savoir : — Non, pas absolument.

— Eh bien, nous ne compterons pas trop rigoureusement avec toi. Sans argent, il te serait aussi impossible de retirer ta fille des serres du templier que d'abattre un cerf royal avec une flèche émoussée. Tu nous paieras la même rançon que le prieur, ou plutôt tu nous donneras cent couronnes de moins, et je les prendrai sur mon compte personnel. Nous éviterons par là le péché criant de demander le même prix pour la tête d'un juif que pour celle d'un prélat chrétien. Par ce moyen il te restera cinq cents couronnes pour traiter de la rançon de ta fille. Les templiers aiment l'éclat des sequins d'or autant que celui des plus beaux yeux : mais ne perds pas de temps pour les faire sonner à l'oreille de Bois-Guilbert, de peur qu'il n'arrive malheur à ta fille. Tu le trouveras, à ce que m'ont dit nos batteurs d'estrade, à la commanderie de Templestowe. M'approuvez-vous, camarades ?

Tout ce que proposait le chef obtenait toujours l'assentiment des yeomen; Isaac, délivré de la moitié de ses appréhensions en apprenant que sa fille existait, concevait l'espoir de la racheter; joyeux de voir se réduire à moitié la rançon qu'il avait craint d'être obligé de payer, il se jeta aux pieds du généreux chef, frotta sa barbe contre ses brodequins, et chercha à baiser le pan de sa casaque verte.

Locksley recula de quelques pas, et jetant sur Isaac un regard de mépris : — Relève-toi, juif, lui dit-il, relève-toi. Je suis Anglais, et je n'aime pas ces marques d'un respect servile adoptées dans l'Orient. Agenouille-toi devant Dieu, et non devant un pauvre pécheur comme moi.

— Oui, juif, dit Aymer, agenouille-toi devant Dieu, représenté par le serviteur de ses autels. Qui sait si un repentir sincère, accompagné d'une donation convenable à la châsse de saint Robert, ne pourront pas obtenir de sa miséricorde ta grace et celle de ta fille Rebecca? Je l'ai vue à la passe-d'armes d'Ashby, et je prends intérêt à elle, car elle m'a paru belle et bien faite : j'ai du crédit sur Brian de Bois-Guilbert, et mon appui près de lui ne te serait pas inutile, si tu savais le mériter.

— Hélas! hélas! s'écria le juif, la main de l'oppresseur se lève de toutes parts contre moi. Je suis la proie de l'Assyrien et la proie de l'Égyptien!

— Et quel doit donc être le lot de ta race maudite? continua le prieur; — que disent les saintes Écritures? *Verbum Domini projecerunt, et sapientia est nulla in eis*, ils ont rejeté la parole du Seigneur, et toute sagesse les a abandonnés; *propterea dabo mulieres eorum exteris*, je donnerai leurs femmes aux étrangers, c'est-à-dire, dans le cas dont il s'agit, au templier ; *et thesauros eorum hœredibus alienis*, et leurs trésors à d'autres héritiers.

Isaac poussa un profond soupir, se tordit les mains, et retomba dans son état de désolation et de désespoir.

— Isaac, dit Locksley en le prenant à part, réfléchis bien à ce que tu dois faire. Mon avis est que tu te fasses un ami de ce prieur. Il est aussi avare qu'il est vain, ou du moins il a besoin d'argent pour ses profusions. Il t'est bien facile de satisfaire sa cupidité, car ne pense pas que je croie à ta pauvreté : je suis mieux instruit que tu ne le penses. Je connais jusqu'au coffre de fer qui contient tes sacs d'argent. Quoi! ne connais-je pas la grande pierre qui est sous un pommier de ton jardin à York, et qui couvre un petit escalier par où l'on descend dans un caveau voûté ?

Le juif, à ces mots, devint pâle comme la mort.

— Tu n'as rien à craindre de moi, continua le capitaine ; nous nous connaissons depuis long-temps. Te souviens-tu d'un yeoman malade que ta fille racheta des fers à York ; qu'elle garda chez toi jusqu'à ce qu'elle l'eût complètement guéri, et à qui tu donnas une pièce d'or en le congédiant ? Tout usurier que tu es, jamais tu ne plaças mieux ton argent, car cette pièce d'or t'a sauvé aujourd'hui cinq cents couronnes.

— C'est donc vous, dit le juif, qu'on nommait alors Diccon Bend-the-Bow (1)? Il me semblait bien que votre voix ne m'était pas inconnue.

— Oui, je suis Bend-the-Bow, je suis Locksley, et j'ai encore un autre nom.

---

(1) Bande-l'arc ; nom de guerre qu'avait pris chez le juif le capitaine des outlaws.

— Mais, généreux Bend-the-Bow, vous êtes dans l'erreur relativement au caveau voûté. Aussi vrai que j'existe, il ne s'y trouve que quelques marchandises, et je vous en donnerai volontiers une partie. Une centaine d'aunes de drap vert de Lincoln, pour faire des casaques à vos hommes d'armes, une centaine de bâtons d'if d'Espagne pour faire des arcs, et autant de cordes de soie, bien rondes, bien égales, et de première qualité; je vous enverrai tout cela pour la bonne volonté que vous me témoignez; mais, honnête Bend-the-Bow, vous me garderez le secret sur le caveau voûté?

— Je serai aussi muet qu'un loir, et je te dis la vérité en t'assurant que je suis très-fâché du malheur arrivé à ta fille; mais je ne puis rien faire pour elle. Templestowe n'est pas un oiseau que nos flèches puissent abattre. Si j'avais été informé de son enlèvement, j'aurais pu prendre des mesures pour la délivrer; mais à présent tu ne peux avoir recours qu'à la politique. Veux-tu que je me charge de négocier pour toi avec le prieur?

— Pour l'amour du ciel, bon Diccon, aidez-moi à recouvrer l'enfant de mes entrailles!

— Je vais donc travailler pour toi; mais que ton avarice ne vienne pas se mettre à la traverse!

Il quitta alors le juif, qui le suivit pourtant comme son ombre.

— Prieur Aymer, dit le chef, venez un instant sous cet arbre. J'ai entendu dire, sire prieur, que vous aimez le vin et le sourire d'une belle un peu plus qu'il ne convient à l'habit que vous portez; mais cela ne me regarde pas du tout. On dit aussi que vous aimez une couple de bons chiens et un excellent coursier, et qu'une bourse bien garnie ne vous déplaît pas; mais je n'ai jamais appris qu'on vous ait reproché un seul acte d'oppression ou de cruauté. Or voici Isaac qui voudrait vous offrir quelques moyens de plaisir et de passe-temps, par le moyen d'un sac contenant cent marcs d'argent, si votre intercession près de votre ami le templier peut le déterminer à lui rendre sa fille.

— Saine et intacte, telle qu'il me l'a enlevée, dit le juif; sans quoi, marché nul.

— Paix, Isaac, ou j'abandonne tes intérêts. Que dites-vous de ma proposition, prieur Aymer.

— Elle est de nature à mériter considération. Si d'une part je fais une bonne œuvre, de l'autre, c'est pour l'avantage d'un juif, ce qui est contre ma conscience. Cependant, si l'Israélite veut me donner vingt marcs d'argent de plus pour contribuer à la construction de notre dortoir, je me ferai moins de scrupule de l'aider à recouvrer sa fille.

— Ce n'est pas..... Silence, Isaac! Ce n'est pas une vingtaine de marcs pour le dortoir ou pour deux chandeliers d'autel qui nous empêcheront de conclure l'affaire.

— Mais songez donc, bon Diccon Bend-the-Bow, dit le juif, que.....

— Bon juif, bonne bête, bon ver de terre, s'écria Locksley perdant patience, mets-tu donc en balance vingt misérables marcs d'argent avec l'honneur et la vie de ta fille? De par le ciel, si tu dis encore un mot, avant qu'il soit trois jours, je te dépouille, jusqu'au dernier maravédis, de tout ce que tu possèdes au monde.

Isaac baissa la tête et garda le silence.

— Mais quelle garantie aurai-je pour tout ce que vous me promettez? demanda le prieur.

— La meilleure possible, l'intérêt du juif. Car, si sa fille lui est rendue par votre médiation, et qu'il ne vous paie pas jusqu'au dernier sou la somme convenue, je jure par saint Hubert qu'il aura un tel compte à me rendre, qu'il préférerait la payer vingt fois.

— Eh bien, reprit Aymer, puisqu'il est dit que je me mêlerai de cette affaire, donne-moi ton écritoire et ta plume. Un moment pourtant. J'aimerais mieux jeûner vingt-quatre heures que de toucher la plume d'un juif, et où en trouver une autre?

— Si Votre Révérence, dit Locksley, ne se fait pas scrupule de se servir de l'écritoire du juif, je me charge de lui fournir une plume.

Bandant son arc au même instant, il décocha une flèche contre une oie sauvage qui passait sur sa tête, garde avancée d'une phalange de ses compagnes qui se rendaient dans les marais éloignés et solitaires d'Holderness (1). L'oiseau percé tomba à ses pieds.

— Tenez, prieur, dit Locksley, voilà de quoi fournir de plumes tous les moines de Jorvaulx d'ici à un siècle; car ils ne se mêlent pas souvent d'écrire des chroniques.

Le prieur s'assit, et écrivit à loisir sa lettre à Brian de Bois-Guilbert. L'ayant ensuite soigneusement cachetée, il la remit au juif.

— Tiens, lui dit-il, voilà ton passe-port pour Templestowe, et je pense que cette lettre contribuera à te faire rendre ta fille, si, de ton côté, tu la demandes avec des manières convenables; car il ne faut pas que tu ignores que le bon chevalier de Bois-Guilbert est d'une confrérie qui ne fait rien pour rien.

(1) Canton de l'East-Riding d'York.

— Maintenant, prieur, dit Locksley, je ne vous retiendrai plus que pour donner au juif quittance des cinq cents couronnes formant le prix convenu pour votre rançon; je l'accepte pour banquier, et, si j'apprends qu'on fasse la moindre difficulté pour allouer le montant de cette quittance dans ses comptes, je jure par sainte Marie que je mets le feu à votre abbaye, quand je devrais en être pendu dix ans plus tôt.

Le prieur n'écrivit pas cette quittance de si bonne grace, à beaucoup près, qu'il avait écrit sa lettre à Bois-Guilbert. Il fallut bien pourtant qu'il donnât à Isaac une décharge de cinq cents couronnes payées en son acquit pour sa rançon, et dont il s'obligea de lui tenir compte.

— Maintenant, dit Aymer, je vous demanderai la restitution de mes mules et de mon palefroi, des bagues, chaines, joyaux, habillemens, en un mot, de tout ce dont j'ai été dépouillé, et enfin la liberté des deux révérends frères qui m'accompagnaient, puisque voilà ma rançon payée.

— Vos révérends frères, sire prieur, sont libres de vous suivre; il serait injuste de les retenir. On vous rendra aussi vos mules et votre palefroi; on vous donnera même l'argent nécessaire pour vous rendre à York, car il serait cruel de vous priver des moyens de voyager; mais, quant aux bagues, joyaux, linge et habillemens précieux, il faut que vous sachiez que notre conscience est trop timorée pour que nous exposions un homme respectable, qui doit être mort à toutes les vanités du monde, à la tentation de contrevenir aux règles de son ordre, en portant des ornemens mondains.

— Songez bien à ce que vous faites, mes maîtres,

avant de porter des mains profanes sur les biens de l'É-
glise. Ils sont *inter res sacras;* et vous ne savez pas à quoi
s'exposerait un laïc en osant y toucher.

— Soyez tranquille à cet égard, révérend prieur, dit
l'ermite de Copmanhurst : ce sera moi qui me chargerai
de ce soin.

— Ami ou frère, dit le prieur qui n'était nullement
satisfait de cette manière de résoudre ses scrupules, si
vous êtes véritablement dans les ordres religieux, je
vous engage à réfléchir que vous aurez à répondre à
votre official pour la part que vous avez prise à tout ce
qui s'est passé aujourd'hui.

— Frère prieur, répliqua l'ermite, il faut que vous
sachiez que j'appartiens à un petit diocèse dont je suis
moi-même l'official, et que je ne m'inquiète pas plus de
l'évêque d'York que du prieur de Jorvaulx et de tout
son couvent.

— Tu es tout-à-fait irrégulier, dit le prieur, tu es un
de ces hommes qui, ayant reçu les ordres sacrés sans y
être appelés, profanent la sainteté du ministère, et met-
tent en danger l'ame de ceux qu'ils s'ingèrent de diriger,
lapides pro pane condonentes iis, leur donnant des pierres
au lieu de pain, comme dit la Vulgate.

— S'il n'avait fallu que du latin pour me rompre la
tête, dit l'ermite, elle n'aurait pas résisté si long-temps ;
je vous dis que débarrasser des prêtres mondains et orgueilleux comme vous de toute leur friperie de bagues
et de joyaux, est un acte aussi légitime que le fut pour
les Hébreux celui de s'emparer des dépouilles des Égyp-
tiens.

— Tu n'es qu'un clerc de grand chemin, s'écria le
prieur courroucé : *Excommunicabo vos.*

— C'est toi qui es un voleur et un hérétique, répliqua l'ermite indigné. Crois-tu que j'empocherai tranquillement, devant mes paroissiens, l'affront que tu n'es pas honteux de me faire, quoique je sois ton réverend frère? *Ossa ejus perfringam*, je te briserai les os, comme dit la Vulgate.

— Holà! s'écria Locksley : deux membres respectables du clergé doivent-ils en venir à de pareilles extrémités? La paix, frères! Vous, prieur, si vous n'êtes pas en paix avec Dieu, ne provoquez pas davantage notre chapelain. Et toi, ermite, laisse partir en paix le révérend père en Dieu, comme un homme qui a payé sa rançon.

Le yeoman sépara les deux antagonistes, qui continuèrent encore quelque temps à se dire des injures en mauvais latin, que le prieur débitait avec plus de facilité, et l'ermite avec plus de véhémence. Enfin Aymer reconnut qu'il compromettait sa dignité en se querellant avec un chapelain d'outlaws, et, les deux frères qui composaient sa suite étant venus le joindre, il partit avec beaucoup moins de pompe et d'une manière beaucoup plus apostolique que lorsqu'il était arrivé.

Il ne restait plus qu'à demander au juif quelques sûretés pour la rançon qu'il avait à payer, tant pour le prieur que pour lui-même. Il donna donc un bon, revêtu de sa signature et de ses sceaux, sur un autre juif d'York, pour mille couronnes et diverses marchandises qui y étaient spécifiées.

— Mon frère Sheva, dit-il en soupirant, a les clefs de mes magasins.

— Même celle du caveau voûté? lui demanda tout bas Locksley.

— Non, non. A Dieu ne plaise! répondit Isaac. J'espérais que ce secret n'était connu que de moi.

— Il est en sûreté avec moi, dit Locksley, aussi vrai que ce chiffon de papier vaut la somme qui y est mentionnée. Mais à quoi songes-tu, Isaac? La douleur d'avoir à payer mille couronnes te fait-elle oublier que tu es père, que ta fille est en péril?

Le juif tressaillit. — Non, Diccon, non, je vais partir. Adieu, toi que je ne puis appeler bon, et que je ne veux ni ne dois appeler méchant.

Le chef d'outlaws ne le laissa pourtant pas s'éloigner sans lui donner encore un dernier avis. Sois libéral dans tes offres, Isaac, et n'épargne pas ta bourse quand il s'agit de la sûreté de ta fille. Songe bien que l'argent que tu épargneras dans cette affaire te causera par la suite des tourmens aussi épouvantables que si on le faisait fondre pour te le verser dans le gosier.

Isaac ne lui répondit que par un profond gémissement, et se mit en route, accompagné de deux forestiers qui devaient lui servir de guides et d'escorte jusqu'à la sortie du bois.

Le chevalier Noir, qui n'avait pas vu sans intérêt tout ce qui venait de se passer, s'avança alors pour prendre, à son tour, congé de Locksley, et il ne put s'empêcher de lui témoigner sa surprise de l'ordre et de la subordination qui régnaient parmi des gens qui avaient secoué le joug des lois ordinaires de la société.

— Un mauvais arbre, dit le capitaine, produit quelquefois de bon fruit, sire chevalier, et de mauvais temps ne produisent pas toujours du mal sans mélange. Parmi les hommes que les circonstances ont entraînés dans ce genre de vie, sans doute illégal, il en est beaucoup qui désirent que la licence qu'il procure soit accompagnée de quelque modération, et il en est quelques-uns qui regrettent d'être obligés de le continuer.

— Et je suis convaincu que je parle en ce moment à un de ces derniers.

— Sire chevalier, nous avons chacun notre secret : je ne vous ai pas demandé le vôtre, ne trouvez pas mauvais que je garde le mien. Vous pouvez former sur moi tel jugement qu'il vous plaira ; je puis faire sur vous telles conjectures que bon me semblera ; il est pourtant possible qu'aucune de nos flèches n'atteigne le but.

— Pardon, brave outlaw (1); votre reproche est juste ; mais il peut se faire que nous nous revoyions dans un temps où il n'existera plus de mystère de part ni d'autre. En attendant, j'espère que nous nous séparerons en amis.

— En voici ma main pour preuve : c'est la main d'un véritable Anglais, quoique ce soit maintenant celle d'un outlaw.

— Et voici la mienne en retour. Je la regarde comme honorée de toucher la vôtre, car celui qui fait le bien, quoiqu'il ait un pouvoir illimité pour faire le mal, mérite des louanges, non-seulement pour le bien qu'il fait, mais pour le mal dont il s'abstient. Adieu, brave outlaw.

Ils se séparèrent ainsi en parfaite intelligence, et le chevalier au cadenas, montant sur son excellent coursier, prit la route qui conduisait hors de la forêt.

(1) Ce titre que le chevalier donne ici à Locksley prouve que *outlaw* ne se prenait pas toujours en mauvaise part ; ce que nous faisons observer pour nous justifier d'avoir substitué le terme anglais à celui de *bandit* et de *brigand* employé dans les éditions précédentes. — Éd.

CHAPITRE XXXIV.

Le roi Jean. « — C'est un serpent, te dis-je, une hydre que je voi
 « En tous lieux, en tous temps, se dresser contre moi.
 » Me comprends-tu ? »

SHAKSPEARE. *La vie et la mort du roi Jean.*

IL y avait grande fête au château d'York, où le prince Jean avait invité les nobles, les prélats et les chefs sur le secours desquels il comptait pour exécuter ses projets ambitieux sur le trône de son frère. Waldemar Fitzurse, son agent politique, homme habile, travaillait secrètement à leur inspirer le degré de courage qui leur était nécessaire pour faire une déclaration publique de leurs sentimens. Cette entreprise était différée par l'absence de quelques-uns des principaux membres de la confédération. Il était important, pour le succès de la conspiration, de réunir le courage entreprenant, quoique brutal, de Front-de-Bœuf, la hardiesse et la vivacité de Bracy, et la sagacité, l'expérience et la valeur renommée de Brian de Bois-Guilbert. Tout en maudissant leur absence, dont ils ne pouvaient concevoir les motifs, ni Jean ni son conseiller n'osaient lever entièrement le masque sans eux. Le juif Isaac leur manquait aussi, et avec lui s'évanouissait l'espoir d'obtenir une somme considérable qu'il devait avancer à des conditions convenues. Or, dans une circonstance si critique, le manque d'argent pouvait les jeter dans de grands embarras.

Ce fut dans la matinée qui suivit le sac de Torquilstone qu'un bruit vague se répandit dans York que De Bracy, Bois-Guilbert et Front-de-Bœuf avaient été faits prisonniers ou tués. Waldemar, en annonçant cette nouvelle au prince Jean, ajouta qu'il craignait d'autant plus qu'elle fût vraie, qu'il savait qu'ils étaient partis avec une escorte peu nombreuse, dans le dessein de s'emparer de Cedric le Saxon et de toute sa suite.

En toute autre occasion, Jean aurait regardé cet acte de violence comme une excellente plaisanterie; mais en ce moment cet acte dérangeait ses plans, et nuisait à ses projets. Le prince s'emporta vivement contre ceux qui se l'étaient permis : il leur reprocha d'enfreindre les lois, de troubler l'ordre public, d'attenter aux propriétés individuelles, et prit, en un mot, le ton qui aurait convenu au roi Alfred.

— Pillards sans principes! s'écria-t-il, si jamais je devenais roi d'Angleterre, je ferais pendre tous ces maraudeurs en face du pont-levis de leurs châteaux.

— Mais pour devenir roi d'Angleterre, répliqua froidement son Achitophel, il faut non-seulement que vous souffriez les brigandages de ces maraudeurs sans principes, mais encore que vous leur accordiez votre protection, malgré votre zèle louable pour les lois qu'ils enfreignent habituellement. Où en sommes-nous, si les Saxons ont réalisé votre vision de pendre des seigneurs normands en face du pont-levis de leurs châteaux ? Cedric le Saxon est assez audacieux pour que cette idée se soit présentée à son esprit. Votre Grace sait bien qu'il serait dangereux de faire un pas sans que nous soyons sûrs de l'appui de Front-de-Bœuf, de Bracy et du templier ; et cependant nous sommes trop avancés pour pouvoir reculer sans péril.

Le prince Jean se frappa le front avec un geste d'impatience, et se promena à grands pas dans l'appartement où il se trouvait.

— Les misérables ! s'écria-t-il, les perfides ! les traîtres ! m'abandonner dans un moment si critique !

— Dites plutôt les fous, les insensés, qui s'occupent de pareilles folies, quand ils devraient songer à des affaires importantes !

— Mais que faire ? dit le prince en s'arrêtant tout à coup devant Waldemar.

— Rien que ce que j'ai ordonné. Je ne suis pas venu annoncer un malheur à Votre Grace sans avoir pris des mesures pour y remédier.

— Tu es mon bon ange, Waldemar, et avec un chancelier tel que toi dans mon conseil, le règne de Jean ne peut que devenir célèbre dans nos annales. Mais quelles sont les mesures que tu as déjà prises ?

— J'ai donné ordre à Louis Winkelbrand, lieutenant de De Bracy, de faire sonner le boute-selle, de déployer sa bannière, et de partir à l'instant pour le château de

Front-de-Bœuf, afin de voir ce qu'il pourra faire pour secourir nos amis.

Le prince Jean rougit de colère, comme un enfant gâté qui croit avoir reçu un affront.

— Par la face de Dieu, Fitzurse, s'écria-t-il, vous êtes bien hardi d'avoir pris sur vous de donner de pareils ordres ! comment osez-vous faire sonner la trompette, faire déployer la bannière dans une ville où je me trouve, sans mon exprès commandement ?

— Je vous demande pardon, répondit Fitzurse en maudissant intérieurement la sotte vanité de son maître; mais, comme la circonstance était urgente, comme le délai d'une minute pouvait être fatal, j'ai cru devoir prendre sur moi cette responsabilité, dans une affaire où il s'agit de vos plus chers intérêts.

— Je vous pardonne, Waldemar, dit gravement le prince; votre intention excuse la témérité de votre promptitude. Mais qui nous arrive ici? de par Dieu, c'est De Bracy lui-même! et dans quel étrange équipage!

C'était en effet De Bracy. Il arrivait, le visage échauffé d'une longue course faite à toute bride, couvert de sueur et de poussière; et son armure brisée et ensanglantée annonçait qu'il avait pris récemment une part active à un combat opiniâtre. Dénouant son casque, il le plaça sur une table, et garda un instant le silence, comme pour reprendre haleine.

— Eh bien, De Bracy, dit le prince, que veut dire ceci? parlez, je vous l'ordonne. Les Saxons sont-ils révoltés?

— Parlez donc, De Bracy, dit Fitzurse presque au même instant que son maître; vous aviez coutume d'être un homme. Où est le templier? qu'est devenu Front-de-Bœuf?

— Le templier a pris la fuite, répondit De Bracy; quant à Front-de-Bœuf, vous ne le verrez plus. Il a trouvé un tombeau brillant sous les débris enflammés de son propre château, et je crois que je suis le seul échappé pour vous en apporter la nouvelle.

— Vous parlez d'incendie et d'embrasement avec un ton bien froid, dit Fitzurse.

— Je ne vous ai pas encore dit le pire, répliqua De Bracy. Et, s'approchant du prince Jean, il lui dit en baissant la voix et d'un air de mystère: — Richard est en Angleterre; je l'ai vu, je lui ai parlé.

Le prince pâlit, chancela, et s'appuya sur le dos d'une chaise pour se soutenir; semblable à un homme percé inopinément d'une flèche.

— Vous rêvez De Bracy, dit Fitzurse; cela est impossible.

— C'est pourtant la vérité. Je lui ai parlé; j'ai été son prisonnier.

— Le prisonnier de Richard Plantagenet?

— De Richard Plantagenet, de Richard Cœur-de-Lion, de Richard d'Angleterre.

— Il est donc à la tête d'une force militaire?

— Non, Fitzurse; il n'avait avec lui que quelques yeomen outlaws, et qui ne le connaissaient pas. Je l'ai entendu dire qu'il allait les quitter. Il ne les avait joints que pour les aider à se rendre maître de Torquilstone.

— Oui, dit Waldemar: c'est un trait digne de Richard, — vrai chevalier errant qui court les aventures, et veut accomplir des prouesses par la force de son bras, comme un sir Guy ou un sir Bevis (1), tandis qu'il néglige les affaires de son royaume et le soin de sa propre sûreté. Et que comptez-vous faire, De Bracy?

— Moi? je lui ai offert mes services; mais il m'a dit qu'il ne se fiait pas à moi. Je vais partir pour Hull avec ma compagnie franche, m'emparer d'un navire, et me rendre en Flandre. Grace au temps où nous vivons, un homme d'armes trouve toujours du service. Et vous, Waldemar, abandonnerez-vous la politique? prendrez-vous la lance et le bouclier, et viendrez-vous partager avec moi la bonne ou mauvaise fortune que le ciel me réserve?

— Je suis trop vieux, Maurice; et j'ai une fille que je ne puis quitter.

— Donnez-la-moi en mariage, Waldemar; et à l'aide de Dieu et de mon épée, je la maintiendrai dans un rang digne d'elle.

— Non, non, dit Fitzurse, je me réfugierai dans l'église de Saint-Pierre de cette ville, et j'y trouverai un asile. L'archevêque m'a juré foi et amitié.

Pendant cette conversation, le prince Jean était sorti peu à peu de l'état de stupeur où l'avait jeté cette nouvelle inattendue, et il avait écouté avec attention les discours de ses courtisans.

— Ils se détachent de moi, se dit-il à lui-même; ils ne tiennent pas à moi plus qu'une feuille desséchée ne tient à la branche qui l'a nourrie, lorsque le vent d'automne souffle. Enfer et démons! — ne trouverai-je pas de ressources en moi-même, quand je me vois abandonné par ces lâches? Et sa physionomie avait pris une expression

(1) Champion fameux dans les chroniques et les ballades populaires d'Angleterre. — Éd.

diabolique, quand il interrompit leur entretien par un éclat de rire forcé.

— Ah! ah! ah! par le sourcil de Notre Dame, mes bons amis, vous êtes des hommes prudens, pleins de jugement et de courage, pour sacrifier en même temps richesses, honneurs, plaisirs; pour renoncer à la partie, en un mot, quand un coup hardi peut la gagner.

— Je ne vous comprends pas, dit De Bracy. Dès qu'on saura le retour de Richard, il se trouvera à la tête d'une armée, et alors tout est fini pour nous. Je vous conseille, prince, de vous retirer en France, ou de recourir à la protection de la reine-mère.

— Je n'ai nulle crainte pour ma sûreté personnelle, dit Jean d'un air de hauteur; je n'ai qu'un mot à dire à mon frère pour me la procurer. Mais quoique vous soyez disposés à m'abandonner si facilement, De Bracy, et vous aussi, Fitzurse, je ne serais pas très-charmé de voir vos têtes placées au-dessus de la porte de Clifford (1). Croyez-vous, Waldemar, que le rusé archevêque ne vous laisserait pas arrêter jusque sur les marches de l'autel, s'il pouvait à ce prix faire sa paix avec Richard? Et vous, De Bracy, oubliez-vous que Robert d'Estouteville, à la tête de toutes ses forces, vous bouche le chemin de Hull, et que le comte d'Essex arme tous ses vassaux? Si nous avions quelque raison de craindre ces deux chefs avant le retour de Richard, n'en avons-nous pas encore plus sujet aujourd'hui? Doutez-vous du parti qu'ils embrasseront? d'Estouteville seul est assez fort pour jeter dans l'Humber (2) toute votre compagnie franche.

(1) A York.
(2) Rivière d'Angleterre. — Éd.

Fitzurse et De Bracy se regardèrent d'un air déconcerté.

— Il n'y a qu'une voie pour nous sauver tous, continua Jean en fronçant le sourcil d'un air sombre; celui qui cause nos terreurs voyage seul, il faut marcher à sa rencontre.

— Ce ne sera pas moi, s'écria vivement De Bracy; il m'a fait son prisonnier; il m'a accordé merci; je ne toucherai pas à une plume de son casque.

— Qui vous parle de le faire? dit le prince avec hauteur : le drôle dira bientôt que je lui ai donné ordre de le tuer. Non, une prison sufît. Qu'importe qu'il soit prisonnier en Angleterre ou en Autriche ? Les choses ne feront que rester dans l'état où elles étaient lorsque nous avons conçu le plan de notre entreprise. Elle était fondée sur l'espérance que Richard resterait captif en Allemagne; eh bien! notre oncle Robert ne mourut-il pas détenu dans le chateau de Cardiff ?

— Cela est vrai, répondit Waldemar; mais votre père Henry était assis sur son trône plus solidement que vous ne pouvez encore l'être. Je soutiens que la meilleure prison est celle que fait le fossoyeur. Il n'existe pas de cachot aussi sûr que la voûte du caveau d'une église.

— Prison ou tombeau, dit De Bracy, je m'en lave les mains.

— Lâche, s'écria le prince courroucé, aurais-tu le projet de nous trahir?

— Je n'ai jamais trahi personne, répondit De Bracy avec fierté; ce n'est point à moi que le nom de lâche doit être adressé.

— Pas tant de chaleur, sire chevalier, dit Fitzurse; et

vous, prince, excusez les scrupules du brave De Bracy, j'espère venir à bout de les dissiper.

— C'est ce qui est au-dessus de votre éloquence, Fitzurse, répliqua le chevalier.

— Mon cher Maurice, dit le rusé politique, ne vous emportez pas comme un coursier effrayé, et considérez du moins l'état des choses. N'est-il pas vrai qu'il n'y a que vingt-quatre heures votre plus grand désir aurait été de vous mesurer corps à corps avec Richard, si vous l'aviez rencontré dans une mêlée? Ne vous l'ai-je pas entendu dire cent fois?

— Il est vrai, mais c'était, comme vous le dites, corps à corps, dans les rangs d'une bataille. Jamais vous ne m'avez entendu parler de l'attaquer seul, dans une forêt.

— Vous n'êtes pas un vrai chevalier, si ce scrupule vous arrête. Est-ce dans des batailles que Lancelot du Lac et sir Tristram acquirent tant de renommée? Non. Ce fut en attaquant des ennemis redoutables au fond des forêts, dans des lieux déserts et inconnus.

— Mais je vous garantis que ni Tristram ni Lancelot n'étaient si bonne lance ni si bonne épée que ce Richard. D'ailleurs je ne crois pas qu'ils fussent dans l'usage de se mettre à la tête d'une compagnie pour aller attaquer un seul chevalier.

— Vous êtes fou, De Bracy. Ce que nous vous proposons de faire est un vrai devoir pour vous. N'êtes-vous pas à la solde du prince Jean, comme chef d'une compagnie franche? Votre épée n'est-elle pas engagée à son service? Vous connaissez l'ennemi que nous avons à craindre, et vous avez des scrupules quand il y va de la fortune de votre maître, de la vie et de l'honneur de tous vos compagnons?

— Je vous dis qu'il m'a accordé la vie, répondit De Bracy d'un ton déterminé. Il est vrai qu'il a refusé mes services; qu'il m'a ordonné de m'éloigner de sa présence; par conséquent je ne lui dois ni foi ni hommage: mais jamais je ne lèverai la main contre lui.

— Cela n'est pas nécessaire. Envoyez seulement Louis Winkelbrand à la tête d'une vingtaine de vos lances.

— Vous avez assez de coquins parmi les vôtres pour cette expédition. Pas un de mes soldats n'y prendra part.

— Êtes-vous donc si obstiné, De Bracy? dit le prince Jean: m'abandonnerez-vous après tant de protestations de zèle et de dévouement?

— Non, prince, je vous rendrai tous les services honorables qui peuvent dépendre d'un chevalier, soit dans les tournois, soit dans les camps; mais ces entreprises de grand chemin ne me conviennent point, et elles ne font point partie de mes devoirs.

— Approchez, Waldemar, dit Jean: ne suis-je pas un prince infortuné! Mon père Henry avait des serviteurs fidèles. A peine eut-il prononcé quelques plaintes contre un prêtre factieux, que le sang de Thomas Becket, tout saint qu'il était, fut versé sur les marches mêmes de son autel. Tracy, Briton, Morville, braves et loyaux sujets, votre courage entreprenant est éteint comme votre nom, et quoique Reginald Fitzurse ait laissé un fils, il n'a pas hérité de la valeur et de la fidélité de son père (1)!

(1) Reginald Fitzurse, William de Tracy, Hugh de Morville et Richard Briton furent les officiers de la maison de Henry II qui, d'après quelques expressions de colère de ce monarque contre Thomas Becket, assassinèrent ce prélat célèbre.

— Il a hérité de l'une et de l'autre, dit Waldemar Fitzurse; et puisque De Bracy refuse de conduire cette entreprise, je m'en chargerai. Mon père a acheté bien cher la réputation d'ami zélé, et cependant la preuve de loyauté qu'il donna à Henry est bien peu de chose auprès de celle que je vais vous donner; car j'aimerais mieux avoir à assaillir tous les saints du calendrier, que de lever la lance contre Richard Cœur-de-Lion. De Bracy, chargez-vous de la garde du prince, et tâchez d'inspirer des dispositions favorables à ceux qui n'en ont encore montré que de douteuses. Si vous recevez des nouvelles telles que j'espère vous en envoyer, rien ne pourra plus s'opposer à la réussite de notre entreprise.

Ayant alors appelé un page : — Cours chez moi, lui dit-il, dis à mon écuyer de préparer mes armes; que Stephens Whetheral, Broad Thoresby, et les trois hommes d'armes de Spyinglaw s'apprêtent à me suivre, et que le chef des batteurs d'estrade, Hugh Bardon, se tienne prêt à recevoir mes ordres. Adieu, prince, espérons un temps plus heureux.

A ces mots, il sortit de l'appartement.

— Il va faire mon frère prisonnier, dit le prince à De Bracy dès que Waldemar fut parti, avec aussi peu de componction que s'il s'agissait d'un franklin saxon. J'espère qu'il exécutera mes ordres, et qu'il aura pour la personne de mon cher Richard tout le respect qui lui est dû.

De Bracy ne lui répondit que par un sourire.

— Par le sourcil de Notre-Dame! dit le prince Jean, je lui en ai donné l'ordre formel, quoiqu'il soit possible que vous ne l'ayez pas entendu, parce que nous étions dans l'embrasure de la croisée. Je lui ai donné très-clairement l'ordre positif de veiller avec soin à la sûreté de Richard, et malheur à lui s'il y contrevient !

— Je crois que je ferais bien de passer chez lui, dit De Bracy, pour lui faire bien comprendre quelles sont vos intentions; car, comme je n'ai pas entendu cet ordre, il est possible qu'il ait échappé de même à l'oreille de Waldemar.

— Non, non, dit le prince d'un ton d'impatience : je suis sûr qu'il m'a entendu. D'ailleurs j'ai à vous parler d'autre chose. Donnez-moi votre bras, Maurice, je suis fatigué.

Ils firent quelques tours dans la salle dans cette posture familière, et le prince Jean lui dit avec l'air de la plus intime confiance : — Que pensez-vous de ce Waldemar Fitzurse, mon cher De Bracy? Il se flatte d'être notre chancelier! Sûrement nous ferons plus d'une réflexion avant de confier une place de si haute importance à un homme qui montre si évidemment le peu de respect qu'il a pour notre sang, par la manière empressée avec laquelle il s'est chargé de cette entreprise contre Richard. Je gagerais que vous croyez avoir perdu quelque chose de mon amitié par la fermeté avec laquelle vous avez refusé cette tâche désagréable : mais non, Maurice, cette vertueuse résistance n'a fait qu'augmenter mon estime. Il est certaines choses pour lesquelles nous avons besoin de trouver des gens prêts à tout exécuter, mais nous ne les aimons ni ne les estimons. Tel, au contraire, qui refuse de nous servir en certaines occasions acquiert par ce refus même de nouveaux droits à notre estime et à nos bonnes graces. L'arrestation de mon frère n'est pas un aussi bon titre à la haute dignité de chancelier, que votre refus courageux et chevaleresque au bâton de grand-maréchal du royaume. Pensez-y bien, De Bracy, et allez dès à présent en commencer le service.

— Tyran inconstant, pensa De Bracy en sortant de l'appartement, bien fou celui qui se fie à toi. Cette place de chancelier, depuis si long-temps promise, Dieu sait qui l'obtiendra si tu réussis dans tes projets. Mais celle de grand-maréchal d'Angleterre, ajouta-t-il en étendant le bras comme pour prendre le bâton de commandant, et en relevant la tête d'un air de fierté, certes c'est un prix qui mérite la peine d'être disputé.

A peine fut-il parti, que le prince ordonna qu'on fît venir devant lui Hugh Bardon, chef des éclaireurs et des espions. Il arriva au bout de quelques instants, que Jean avait passés à parcourir l'appartement à pas inégaux et d'un air soucieux et inquiet.

— Bardon, lui dit-il dès qu'il arriva, que t'a demandé Waldemar?

— Deux hommes résolus, connaissant parfaitement tous les bois du nord de l'Angleterre, et habiles à suivre les traces récentes d'un homme à pied ou d'un cavalier.

— Et tu les lui as donnés?

— Votre Grace peut s'en rapporter à moi. L'un est du comté d'Hexham; il est accoutumé à suivre les traces des voleurs du Tynedale et du Teviotdale, comme le limier suit celles du daim blessé. L'autre est du comté d'York, et il n'a jamais tiré une flèche inutile dans la forêt de Sherwood. D'ici à Richmond, il n'existe pas une futaie, pas un taillis, pas un bouquet d'arbres qu'il ne connaisse parfaitement.

— Fort bien! Waldemar part-il avec eux?

— A l'instant même.

— Quelle suite prend-il avec lui?

— Le gros Thoresby; Wheteral, qu'on a surnommé Stephens Cœur-de-Fer à cause de sa férocité; et trois hommes d'armes du nord, qui faisaient partie de la bande de Ralph Middleton, et qu'on appelle les braves de Spyinglaw.

— Fort bien, répéta le prince; et après un instant de silence: — Bardon, ajouta-t-il, l'intérêt de mon service exige que tu surveilles avec la plus grande attention toutes les démarches de Maurice De Bracy, de manière pourtant à ce qu'il ne s'en aperçoive pas. Il faut que tu saches qui il voit, à qui il parle, ce qu'il dit, ce qu'il fait, quels sont ses projets, et que tu m'en rendes compte de temps en temps. N'y manque pas, car je t'en rendrai responsable.

Bardon fit un salut respectueux, et se retira.

— Si Maurice me trahit, comme sa conduite me donne lieu de le craindre, se dit le prince Jean resté seul, sa tête sautera, quand Richard tonnerait aux portes d'York.

CHAPITRE XXXV.

« Du tigre des déserts interromps le sommeil,
» Dispute au fier lion le chevreau qu'il dévore.
» — Tu pâlis à ces mots : — Eh bien ! à son réveil
» Le brûlant fanatisme est plus terrible encore. »
Anonyme.

Il faut maintenant que nous allions retrouver Isaac d'York. Accompagné de deux hommes que Locksley lui avait donnés pour lui servir de gardes et de guides, et monté sur une mule qu'il tenait de sa générosité, il se rendait à la commanderie de Templestowe, dans le dessein d'entrer en négociation pour obtenir la liberté de sa fille. Cette commanderie n'était située qu'à une bonne journée du château, maintenant en ruines, de Torquilstone, et le juif se flattait d'y arriver avant la nuit. En sortant de la forêt, il congédia ses guides, fit présent à chacun d'eux d'une pièce d'argent, et, pressant sa mule, marcha avec autant de diligence que son état de faiblesse le lui permit; mais les forces lui manquèrent tout-à-fait à environ cinq milles de Templestowe; et, les souffrances de corps qu'il éprouvait devenant encore plus aiguës par une angoisse d'esprit inexprimable, il fut forcé de s'arrêter dans une petite ville où demeurait un rabbin de ses amis, célèbre par ses connaissances dans l'art de guérir. Nathan-Ben-Israël reçut son concitoyen souffrant avec cette hospitalité que la loi divine commande, et que les juifs exerçaient les uns envers les autres. Il insista pour lui faire prendre du repos, et il employa les remèdes qui étaient alors en usage pour arrêter un violent accès de fièvre causé par la terreur, la fatigue et le chagrin.

Le lendemain matin, lorsque Isaac voulut se lever et se remettre en route, Nathan lui fit des remontrances et comme ami et comme médecin, et lui dit que le voyage pouvait lui coûter la vie.

— Il faut que j'arrive ce matin à Templestowe, répondit Isaac; il y va pour moi de plus que la vie.

— A Templestowe! répéta Nathan avec surprise. Et lui ayant tâté le pouls pour s'assurer de son état : Il n'a plus de fièvre, pensa-t-il en lui-même, et cependant le délire semble encore égarer son esprit.

— Et pourquoi n'irais-je pas à Templestowe? dit Isaac; je sais que ceux qui y demeurent font profession de mépriser les enfans de la promesse, et de les avoir en abomination; mais vous savez aussi que des affaires de commerce pressées nous conduisent quelquefois parmi les soldats nazaréens altérés de sang, et nous forcent à visiter les préceptoreries des templiers et les commanderies des hospitaliers, comme on les appelle (1).

— Je sais tout cela : mais ignorez-vous que Lucas de Beaumanoir, chef de leur ordre, celui qu'ils nomment leur grand-maître, est en ce moment lui-même à Templestowe?

— Je l'ignorais. Les dernières lettres que j'ai reçues de nos frères de Paris me disaient qu'il était en cette ville, sollicitant du roi Philippe des secours contre le sultan Saladin.

— Il est arrivé en Angleterre sans que ses frères l'attendissent, armé de vengeance, et le bras levé pour punir. Il est enflammé de courroux contre ceux d'entre eux qui ont manqué à leurs vœux, et ces enfans de Bélial sont dans une grande terreur. Son nom vous était-il inconnu?

— Non. Ce Lucas de Beaumanoir est, dit-on, un homme sanguinaire, prêt à mettre tout à feu et à sang pour le moindre point de la doctrine des nazaréens, et nos frères l'ont surnommé le destructeur des Sarrasins, et le plus cruel tyran des enfans de Juda.

— Il est bien nommé, dit le médecin israélite. Les autres templiers peuvent se laisser séduire par l'attrait du plaisir, se laisser gagner par l'or et l'argent; mais ce Beaumanoir est d'une trempe toute différente : ennemi de toute sensualité, méprisant les richesses, et soupirant pour ce que les nazaréens appellent la couronne du mar-

(1) Les établissemens des chevaliers templiers étaient appelés *préceptoreries*, et celui qui présidait dans ces maisons avait le titre de précepteur, comme les principaux chevaliers de l'ordre de Saint-Jean étaient appelés commandeurs, et leurs maisons des commanderies; mais ces termes étaient, à ce qu'il paraît, employés indistinctement. — L. T.

tyre. Que le Dieu d'Israël la lui envoie promptement, ainsi qu'à tous nos persécuteurs! C'est surtout contre les enfans de Juda que cet homme implacable étend la main, comme David sur Edom, regardant le meurtre d'un juif comme une offrande aussi agréable au ciel que la mort d'un Sarrasin. Il a répandu mille calomnies sur la vertu de nos remèdes, comme si c'étaient des inventions de Satan. Puisse le Seigneur le confondre et le punir!

— N'importe, il faut que j'aille à Templestowe, dût cette maison devenir pour moi une fournaise ardente.

Il expliqua alors à Nathan le motif de son voyage. Le rabbin l'écouta avec intérêt, et lui témoigna la part qu'il prenait à ses malheurs, à la manière de sa nation, en déchirant ses vêtemens, et en s'écriant : — Pauvre fille! pauvre fille! — Hélas! malheureuse fille de Sion! — Hélas! triste captivité d'Israël!

—Vous voyez, dit Isaac, combien il est important pour moi de faire diligence. D'ailleurs la présence de Lucas de Beaumanoir, du chef de l'ordre, peut détourner Brian de Bois-Guilbert de ses projets criminels, et le déterminer à me rendre ma chère Rebecca.

—Allez donc, dit Nathan, et soyez prudent, car la prudence servit à Daniel dans la fosse aux lions; et puisse-t-elle faire réussir votre entreprise! Cependant je vous engage à éviter la présence de ce grand-maître, car, le matin comme le soir, il n'a pas de plus grand plaisir que de montrer sa haine contre notre peuple. Si vous pouvez parler à Bois-Guilbert en particulier, vous le déterminerez peut-être plus aisément à vous rendre votre fille; car on dit qu'il ne règne pas une grande union entre ces maudits nazaréens, dans cette commanderie.

Puisse la division s'introduire dans leurs conseils, et amener leur ruine! Revenez ensuite chez moi, Isaac, comme chez votre père, pour m'apprendre tout ce qui se sera passé. J'espère que vous ramènerez avec vous Rebecca, la digne élève de la sage Miriam, dont les cures merveilleuses ont été calomniées par les gentils comme des œuvres de la nécromancie.

Isaac dit adieu à son ami, et au bout d'une heure il était arrivé à Templestowe.

Cette commanderie était située au milieu de superbes prairies, dont la dévotion du dernier commandeur avait fait donation à l'ordre du Temple. Le château était parfaitement fortifié; précaution que ces chevaliers ne négligeaient jamais, et que la situation de l'Angleterre à cette époque rendait particulièrement nécessaire. Deux soldats, armés de hallebardes et vêtus de noir, gardaient le pont-levis; des sentinelles portant le même costume étaient de faction sur les murailles, et semblaient des spectres plutôt que des guerriers. C'était ainsi qu'étaient vêtus les officiers inférieurs de l'ordre, depuis que de faux frères, couverts des vêtemens blancs que portaient les chevaliers, et se prétendant templiers, avaient déshonoré l'ordre par leur inconduite dans les montagnes de la Palestine. On voyait de temps en temps un chevalier, en longue robe blanche, traverser la cour, la tête penchée et les bras croisés sur son sein. S'il rencontrait un de ses frères, il le saluait silencieusement, d'un air grave et solennel, car les maximes de l'ordre, conformes au texte sacré, étaient: — Tu n'éviteras point le péché si tu prononces des paroles inutiles. La vie et la mort sont au pouvoir de la langue. — En un mot, la rigueur ascétique de l'ordre du Temple avait, sous l'œil sévère de Lucas de Beaumanoir, succédé, dans cette commanderie, à la licence qui y avait régné si long-temps.

Isaac s'arrêta un instant à la porte, pour réfléchir sur les moyens de s'assurer l'accueil le moins défavorable; il n'ignorait pas que le fanatisme renaissant de cet ordre n'était pas moins dangereux pour sa malheureuse race que le désordre dans lequel les templiers avaient précédemment vécu; et que sa religion allait l'exposer à la haine et aux persécutions, comme ses richesses l'auraient auparavant exposé aux extorsions de la cupidité.

Lucas de Beaumanoir se promenait en ce moment dans un petit jardin situé dans les fortifications extérieures de la commanderie, et était en conversation confidentielle avec un chevalier de son ordre, venu avec lui de Palestine.

Le grand-maître était un homme avancé en âge, comme le prouvaient sa longue barbe grise et ses gros sourcils ombrageant des yeux dont le temps n'avait pu diminuer le feu. Guerrier redoutable et non moins fanatique dans sa dévotion, il réunissait dans sa physionomie la fierté du courage, l'orgueil de la superstition, et l'inflexibilité de l'intolérance. Ses traits, amaigris par le jeûne et l'abstinence, avaient pourtant quelque chose de noble et de frappant, qu'il devait sans doute à la haute place qu'il occupait, à ses relations avec les princes et les têtes couronnées, et à l'habitude de l'autorité suprême, qu'en vertu des réglemens de son ordre il exerçait sur ses nobles et vaillans chevaliers. Sa démarche était fière et imposante, et l'âge n'avait pas courbé sa taille majestueuse. Son manteau était de bure blanche, et taillé strictement d'après les règles de saint Bernard; sur l'épaule droite était cousue, en drap rouge, la croix octogone, particulière à son ordre. Ce manteau n'était orné ni de *vair* ni d'hermine, mais le grand-maître, en raison de son âge, avait un vêtement de dessous doublé en peau d'agneau, ce que les règles de l'ordre permettaient, quoiqu'elles défendissent les fourrures, qui en ce siècle étaient du plus grand luxe. Il portait à la main ce singulier *abacus* ou bâton de commandement, avec lequel on voit souvent les templiers représentés, et dont l'extrémité supérieure était couverte d'une pomme plate, sur laquelle était gravée la croix de l'ordre, inscrite dans un cercle ou dans un *orle*, en termes de blason. Le chevalier qui l'accompagnait portait le même costume, mais son air respectueux prouvait assez que c'était le seul point d'égalité qui existât entre eux. Ce précepteur ou commandeur, car tel était son rang, ne marchait pas sur la même ligne que le grand-maître, mais il en était assez près pour que ce dernier pût le voir et lui parler sans avoir besoin de tourner la tête.

— Conrad, lui disait le grand-maître, cher compagnon de mes travaux et de mes combats, ce n'est que dans votre sein fidèle que je puis déposer mes chagrins. Combien de fois, depuis mon arrivée en ce pays, j'ai désiré dormir déjà du sommeil des justes! Excepté les tombeaux de nos frères, sous les voûtes massives de notre église du Temple dans la métropole, mes yeux n'ont pas aperçu en Angleterre un seul objet sur lequel ils pussent s'arrêter avec plaisir. Vaillant Robert de Rossa, digne William de Mareschal! m'écriais-je intérieurement en contemplant l'image de ces braves soldats de la croix, sculptée sur la pierre qui couvre leurs restes, ouvrez vos sépulcres, et partagez le repos dont vous jouissez avec un frère épuisé qui aimerait mieux avoir à combattre cent mille païens que d'être témoin de la décadence de notre saint ordre.

—Il n'est que trop vrai, répondit Conrad Montfichet, que la conduite de nos frères est encore plus irrégulière en ce pays qu'elle ne l'est même en France.

— Parce qu'ils y sont plus riches, répliqua le grand-maître. Ayez de l'indulgence pour moi, mon frère, si je parais quelquefois me vanter. Vous connaissez la vie que j'ai menée, donnant l'exemple de la soumission à nos règles, luttant contre des démons incarnés et des démons invisibles, frappant en preux chevalier, en bon religieux, partout où je l'ai rencontré, le lion rugissant qui tourne autour de nous pour nous dévorer, comme le bienheureux saint Bernard nous en a fait un devoir, dans le quarante-cinquième chapitre de notre règle, *ut leo semper feriatur*. Mais, par le saint Temple, par le zèle qui a consumé la substance de ma vie, et jusqu'à mes nerfs et à la moelle de mes os, excepté vous et un petit nombre de frères, je n'en trouve plus que je puisse me décider à embrasser sous ce saint nom. Que disent nos statuts, et comment nos frères les observent-ils? Ils ne devraient porter aucun ornement mondain, ni panaches, ni éperons d'or; et cependant quel est le chevalier aussi splendidement équipé que les pauvres soldats du Temple? Il leur est défendu de se servir d'un oiseau pour en prendre un autre, de chasser la bête fauve à l'arc ou à l'arbalète, de donner du cor, de courre le cerf: et qui possède aujourd'hui de meilleurs faucons? qui suit avec plus d'ardeur le daim dans l'épaisseur des forêts? qui a plus d'expérience dans tous les mystères de la chasse? Il ne leur est accordé de lire de livres profanes que ceux que leur indique la permission de leur supérieur, ou les saintes instructions qui sont lues tout haut pendant les repas. Il leur est encore ordonné d'extirper la magie et l'hérésie; et on les accuse, hélas! d'étudier les secrets magiques des païens sarrasins, et la maudite cabale des juifs! L'abstinence leur a été prescrite: ils ne doivent manger de la chair que trois fois par semaine, parce que cette nourriture tend à la corruption du corps; et l'on voit leurs tables chargées des viandes les plus délicates! Leur boisson doit être de l'eau, et *boire comme un templier* est devenu un proverbe! Ce jardin même, rempli d'arbres précieux, de plantes étrangères tirées de climats lointains, conviendrait mieux au harem d'un émir qu'à un couvent où des religieux chrétiens devraient faire croître des herbes pour leur nourriture. Et plût au ciel, Conrad, que le relâchement de la discipline n'allât pas plus loin! Vous savez qu'il nous était défendu de recevoir dans nos murs ces saintes femmes qui, dans l'origine, nous étaient associées comme sœurs de notre ordre, parce que, dit le quarante-sixième chapitre de nos règles, l'ancien ennemi du genre humain s'est servi avec succès de la société des femmes pour détourner du chemin du paradis ceux qui étaient les plus empressés à le suivre. Bien plus, le dernier article, qui en est en quelque sorte la pierre de couronnement, nous interdit même de donner le baiser d'affection à nos mères et à nos sœurs, *ut omnium mulierum fugiantur oscula.* J'ai honte de le dire! j'ai honte d'y penser! mais vous savez quelle corruption s'est répandue sur notre ordre comme un torrent. Les ames de nos saints fondateurs, les esprits d'Hugues de Païen, de Godefroi de Saint-Omer et des sept bienheureux qui s'unirent les premiers pour consacrer leur vie au service du Temple, ne peuvent plus jouir sans trouble de leur béatitude éternelle. Je les ai vus, Conrad, dans les ténèbres des nuits : leurs yeux versaient des larmes sur les erreurs et les fautes de leurs frères, sur le luxe honteux dans lequel ils vivent. — Beaumanoir, me dirent-ils, tu dors, réveille-toi. Les murs du Temple sont souillés, une lèpre infecte s'y est introduite (1). Les soldats de la croix, qui devraient fuir le regard de la femme comme l'œil du basilic, vivent ouvertement dans le péché, non-seulement avec les femmes de leur croyance, mais avec celles des païens maudits et des juifs plus maudits encore. Réveille-toi, Beaumanoir, venge le Temple, et prends l'épée de Phinéas pour punir les pécheurs, sans distinction de sexe. La vision disparut, Conrad, et, en me réveillant, je crus encore entendre le bruit de leur armure et apercevoir leurs manteaux blancs. J'agirai d'après leurs ordres : je purifierai le Temple, et j'arracherai de ses murs les pierres que la contagion a imprégnées.

—Faites attention, vénérable grand-maître, dit Montfichet, que le temps et l'habitude ont étendu la tache que vous voulez faire disparaître. Autant la réforme que vous désirez introduire est juste et nécessaire, autant il faut de prudence et de précautions pour l'effectuer.

— Non, Conrad, elle doit être soudaine et complète. La destinée de notre ordre touche à sa crise. Le désintéressement et la piété de nos prédécesseurs nous valurent de puissans amis; nos richesses, notre luxe, notre orgueil, ont suscité contre nous des ennemis qui ne le sont pas moins. Il faut renoncer à ces richesses qui offrent

(1) *Voyez* le 13e chapitre du *Lévitique*.

8.

une tentation aux princes, à ce luxe qui est un scandale pour les fidèles, à cet orgueil si éloigné de l'humilité chrétienne ; il faut reprendre ces mœurs austères et pures qui faisaient l'édification de toute la chrétienté, sinon, remarquez bien mes paroles, l'ordre du Temple sera détruit, et son nom ne sera plus cité que comme les ruines des empires jadis florissans.

— Puisse le ciel détourner une telle calamité !

— *Amen!* dit le grand-maître d'un ton solennel : mais il faut nous rendre dignes de son secours. Je vous dis, Conrad, que ni les puissances du ciel ni celles de la terre ne peuvent plus endurer les déréglemens de nos frères. J'en suis certain, le terrain sur lequel s'élève l'édifice de notre ordre est déjà ruiné de toutes parts, et plus nous ajoutons à sa grandeur temporelle, plus nous le chargeons d'un poids qui hâtera sa destruction. Il faut revenir sur nos pas, nous montrer les fidèles champions de la croix, sacrifier à ses pieds, non-seulement notre vie et notre sang, mais nos désirs, nos passions, nos vices et même nos plaisirs légitimes, notre aisance et nos inclinations naturelles. Tout ce qui peut être permis aux autres fidèles ne l'est pas pour cela aux chevaliers du Temple.

En ce moment, un écuyer, couvert d'un manteau presque usé, car les aspirans portaient souvent par humilité, pendant leur noviciat, les vieux habits des chevaliers, entra dans le jardin, et, ayant salué profondément le grand-maître, se tint debout devant lui, attendant sa permission pour rompre le silence et lui apprendre le motif qui l'amenait.

— N'est-il pas plus convenable, dit le grand-maître, de voir ce Damien vêtu avec humilité et dans un silence respectueux, que paré d'habillemens riches et splendides, comme il était il y a quelques jours, et babillant en vrai perroquet. Parle, Damien, je te le permets. Que me veux-tu?

— Un juif est à la porte, noble et révérend grand-maître, et demande à parler au frère Brian de Bois-Guilbert.

— Tu as bien fait de m'en informer. En notre présence, un commandeur n'est pas plus qu'un simple compagnon; il doit marcher suivant la volonté de son maître, et non selon la sienne. Il nous importe particulièrement d'éclairer les démarches de ce Bois-Guilbert, dit-il à Conrad.

— La renommée le proclame vaillant et brave, dit celui-ci.

— Et la renommée ne se trompe pas, répliqua le grand-maître. Ce n'est qu'en valeur que nous n'avons pas dégénéré de nos illustres prédécesseurs, les héros de la croix. Mais notre frère Brian entra, je crois, dans notre ordre par humeur et par mécontentement. Des contrariétés qu'il avait éprouvées dans le monde le portèrent à y renoncer, et il ne prononça point ses vœux par suite d'une véritable vocation. Il a toujours été à la tête de ceux qui murmurent, qui se plaignent, qui résistent à notre autorité, oubliant que notre règle donne au grand-maître le bâton et la verge; le bâton pour soutenir le faible, la verge pour punir le coupable. Damien, amenez ce juif en notre présence.

L'aspirant se retira en faisant un salut respectueux, et revint presque aussitôt, suivi d'Isaac d'York. Jamais esclave, amené devant quelque puissant prince, n'approcha du pied de son trône avec plus de crainte et de terreur que le juif n'avança vers le grand-maître. Il s'arrêta à quelques pas, et Beaumanoir lui ayant fait signe d'approcher davantage, il se prosterna devant lui, baisa la terre en signe de respect, et, se relevant lentement, se tint debout devant lui, les bras croisés sur l'estomac et la tête penchée, à la manière des esclaves orientaux.

— Retire-toi, Damien, dit le grand-maître, et que quatre hommes d'armes soient prêts à exécuter mes ordres au premier signal. Ne laisse entrer personne dans le jardin avant que nous en soyons sortis.

Damien s'étant retiré : — Juif, dit Beaumanoir avec un air de hauteur, écoute-moi bien. Il ne me convient pas de perdre beaucoup de temps et de paroles avec qui que ce soit, et moins encore avec toi qu'avec tout autre. Réponds donc brièvement aux questions que je vais te faire, et surtout parle avec vérité, car, si ta langue cherche à me tromper, de par la sainte croix, je te la ferai arracher.

Le juif s'apprêtait à répondre, mais le grand-maître ne lui en laissa pas le temps.

— Silence, infidèle ! Ne parle pas en notre présence, si ce n'est pour répondre à nos questions. Quelles sont tes affaires avec notre frère Brian de Bois-Guilbert ?

Isaac, frappé de terreur, ne sut que répondre. S'il contait franchement son histoire, on pouvait l'accuser de chercher à diffamer l'ordre des templiers; et, s'il ne le faisait point, quel espoir avait-il de délivrer sa fille ? Beaumanoir vit sa frayeur mortelle, et, l'attribuant au respect que lui inspirait sa présence, il daigna le rassurer.

— Réponds-moi hardiment, juif : tu n'as rien à craindre, si tu ne cherches pas à m'en imposer. Je te demande pourquoi tu désires voir Brian de Bois-Guilbert ?

— S'il plaît à votre vénérable Valeur, dit Isaac en bégayant, je suis porteur d'une lettre adressée à ce brave chevalier par le respectable Aymer, prieur de Jorvaulx.

— Ne disais-je pas que nous vivons dans un temps déplorable ? dit le grand-maître à Conrad : un prieur de l'ordre de Citeaux écrit à un soldat du Temple, et pour lui envoyer sa lettre, il ne trouve pas de messager plus convenable qu'un misérable juif. Donne-moi cette lettre.

Isaac, d'une main tremblante, prit la lettre du prieur dans les plis de son bonnet, où il l'avait placée pour plus de sûreté. Étendant la main, il s'inclina pour la remettre à Beaumanoir.

— Recule-toi, dit le grand-maître; je ne touche les infidèles qu'avec mon épée. Conrad, prenez cette lettre et donnez-la-moi. Beaumanoir, ayant reçu la lettre des mains du commandeur, en examina d'abord l'adresse et retourna le papier entre ses doigts avec attention, et s'apprêta à en faire la lecture.

— Vénérable grand-maître, dit Conrad, romprez-vous le cachet ?

— Et pourquoi non ? n'est-il pas écrit dans le quarante-deuxième chapitre de nos règles, *de lectione literarum*, qu'aucun templier ne recevra de lettre, fût-ce même de son père, sans la communiquer au grand-maître, et sans la lire en sa présence ?

Il la parcourut à la hâte, et une expression d'horreur

et de surprise se peignit sur son visage. Il la lut une seconde fois avec plus de réflexion, et la présentant d'une main à Conrad, en la frappant légèrement de l'autre. — Voilà, lui-dit-il, une belle épître écrite par un chrétien à un chrétien, et quand tous deux ont fait profession religieuse ! Quand viendras-tu, grand Dieu, ajouta-t-il en levant les yeux au ciel, séparer l'ivraie du bon grain ?

Montfichet prit la lettre des mains de son supérieur, et commençait à en faire la lecture des yeux.

— Lisez-la tout haut, Conrad, dit Beaumanoir. Et toi, dit-il au juif, écoute bien cette lecture, car nous aurons des questions à te faire à ce sujet.

Conrad lut la lettre, qui était conçue dans les termes suivans :

« Aymer, par la grace de Dieu, prieur du couvent, de l'ordre de Citeaux, de Sainte-Marie de Jorvaulx, à sir Brian de Bois-Guibert, chevalier du saint ordre du Temple, salut. Puissiez-vous jouir d'une bonne santé et de toutes les faveurs de Bacchus et de la dame Vénus. Quant à moi, je suis en ce moment captif, entre les mains de gens qui ne craignent ni Dieu ni les hommes, qui ont osé détenir ma personne et la mettre à rançon, et de qui j'ai appris le malheur de Front-de-Bœuf. Ils m'ont informé aussi que vous vous êtes échappé avec la belle sorcière juive, dont les yeux noirs vous ont ensorcelé. Je me réjouis de vous savoir en sûreté, mais je vous engage à vous tenir sur vos gardes, relativement à cette seconde magicienne d'Endor, car je suis instruit que votre grand-maître, qui ne donnerait pas un pois chiche pour tous les yeux noirs du monde, arrive de Normandie pour vous ôter l'envie de rire et amender votre vie joyeuse. Je vous en avertis donc, afin qu'il vous trouve veillant, comme le dit le saint texte : *Inveniantur vigilantes*. Le riche juif son père, Isaac d'York, m'ayant demandé une lettre en sa faveur, je lui donne celle-ci, et vous conseille d'accepter une rançon pour sa fille. Il est en état de vous donner de quoi en trouver cinquante autres avec moins de risque ; j'espère en avoir ma part quand nous ferons ensemble, en véritables frères, une partie de plaisir où il ne faudra pas oublier la bouteille : car que dit le texte ? *Vinum lætificat cor hominis;* et ailleurs, *Rex delectabitur pulchritudine tuâ.*

« Adieu, jusqu'à cet heureux moment.

« Fait dans le repaire des brigands, vers l'heure des matines.

« Aymer, Pr. S. M. Jorvolciensis. »

« P. S. Votre chaîne d'or n'est pas restée long-temps en ma possession. Il est probable qu'attachée au cou d'un outlaw-braconnier, elle servira à suspendre le sifflet avec lequel il appelle ses camarades. »

— Qu'en pensez-vous, Conrad ? dit le grand-maître : un repaire de brigands ! c'est la place qui convient à un pareil prieur. Qu'on soit surpris que la main de Dieu s'appesantisse sur nous, que nous perdions pied à pied le terrain contre les infidèles dans la Terre-Sainte, quand nous avons des ecclésiastiques comme cet Aymer. Mais que veut-il dire par cette nouvelle magicienne d'Endor ? ajouta-t-il en le tirant un peu à l'écart.

Conrad connaissait mieux que son supérieur le jargon de la galanterie. Peut-être en avait-il fait usage lui-même. Quoi qu'il en fût, il expliqua au grand-maître que le passage qui l'embarrassait était une sorte de langage usité parmi les hommes du monde, en parlant de celles qu'ils aimaient *par amour*. Mais cette explication ne satisfit pas Beaumanoir.

— Ce langage, Conrad, lui dit-il, couvre plus de choses que vous ne vous l'imaginez. Vous êtes doué d'une simplicité trop franche pour percer cet abîme d'iniquité. Je sais que la fille d'Isaac d'York, qui se nomme Rebecca, est une disciple de cette Miriam dont vous avez entendu parler. Vous allez voir que le juif en conviendra lui-même. Se tournant alors vers lui : Ta fille est donc prisonnière de Brian de Bois-Guilbert, lui dit-il?

— Oui, révérend seigneur; et tout ce qu'un homme pauvre peut offrir pour sa rançon.....

— Paix! contente-toi de me répondre. Ta fille n'a-t-elle pas exercé l'art de guérir?

— Oui, digne seigneur : elle a donné ses soins au chevalier et au yeoman, à l'écuyer et au vassal; et tous bénissent le savoir qu'il a plu au ciel de lui accorder. Bien des gens pourraient vous certifier qu'ils ont été guéris par elle, quand tout autre secours humain leur aurait été inutile, mais la bénédiction du Dieu de Jacob était sur elle.

Beaumanoir se tourna vers Montfichet.—Vous voyez, Conrad, lui dit-il avec un sourire amer, quelles sont les embûches de l'ennemi du genre humain. Tel est l'appât avec lequel il s'empare des ames. Il donne un court espace de vie sur la terre, en échange du bonheur éternel. Notre bienheureuse règle a bien raison de dire : *Semper percutiatur leo vorans*, frappons toujours le lion qui cherche à nous dévorer. Et il frappa la terre du bâton, marque de sa dignité, comme pour braver les puissances des ténèbres. — Je ne doute pas que ta fille, dit-il au juif, n'opère ces cures merveilleuses par le moyen de paroles, de talismans, de mystères cabalistiques.

— Non, brave et révérend chevalier, répondit Isaac; c'est principalement par le moyen de baumes d'une grande vertu.

— Et qui lui en a donné le secret?
— Une femme de notre nation.
— Son nom?
— Miriam, répondit Isaac en tremblant, et comme malgré lui.

— Miriam! détestable juif, s'écria Beaumanoir : cette abominable sorcière, connue pour telle dans toute la chrétienté, dont le corps fut brûlé à un poteau, et dont les cendres furent jetées aux vents! Qu'il m'en arrive autant et à tout mon ordre, si je ne traite pas de même sa digne pupille! Je lui apprendrai à jeter des sorts sur les soldats du Temple. Damien, qu'on mette ce juif à la porte, et qu'il périsse, s'il s'y représente. Quant à sa fille, nous agirons envers elle comme l'exigent les lois chrétiennes et la place éminente à laquelle j'ai été appelé.

Le pauvre Isaac fut chassé sur-le-champ, sans qu'on voulût écouter ni ses prières ni même ses offres. Il ne put imaginer rien de mieux que de retourner chez le rabbin Nathan-Ben-Israël, pour le consulter sur ce qu'il devait faire. Il avait craint pour l'honneur de sa fille, maintenant il tremblait pour ses jours.

Cependant le grand-maître envoya ordre au commandeur de Templestowe de comparaître devant lui.

CHAPITRE XXXVI.

« Vous dites que mon art ne vit que d'imposture ?
» Mais de tous les mortels c'est la commune allure.
» Le mendiant lui doit l'aumône qu'on lui fait,
» Le courtisan son rang, l'officier son brevet.
» Croyez-vous qu'en son cœur le clergé la méprise ?
» Non vraiment ! A la cour, dans les camps, dans l'église,
» L'imposture triomphe ; et quiconque prétend
» Se montrer tel qu'il est n'est qu'un vrai débutant ;
» Il n'aura nul crédit, car ainsi va le monde. »
Ancienne comédie.

ALBERT MALVOISIN, président, ou, pour parler le langage de l'ordre, précepteur des templiers à Templestowe, était frère de ce Philippe Malvoisin que nous avons nommé plusieurs fois, et, comme lui, intimement lié avec Brian de Bois-Guilbert.

Albert pouvait passer pour un des hommes les plus dissolus et les plus dénués de principes qui se trouvassent dans son ordre, où l'on n'en comptait qu'un trop grand nombre. Mais, bien différent de l'audacieux Bois-Guilbert, il savait couvrir du voile de l'hypocrisie ses vices et son ambition, et remplacer son manque de religion par une apparence de fanatisme superstitieux. Si le grand-maître ne fût pas arrivé à Templestowe d'une manière si soudaine et si inattendue, ses yeux n'y auraient rien aperçu qui pût indiquer un relâchement de discipline. Albert Malvoisin, quoique surpris par la présence imprévue de son supérieur, n'en fut pourtant pas déconcerté ; il prit sur-le-champ des mesures pour lui cacher la licence et les désordres qui régnaient dans l'établissement dont il était le chef; il écouta avec tant de marques de respect et de contrition les réprimandes de Beaumanoir, il mit tant d'empressement à faire disparaître jusqu'au moindre des abus, et enfin il réussit si bien à introduire un air de dévotion ascétique dans les lieux qui avaient été jusqu'alors le théâtre de la licence et des plaisirs, que le grand-maître le regardait comme un homme qui avait été assez faible pour céder quelque chose au relâchement général de la discipline, mais qui ne s'était jamais écarté complètement du droit chemin.

Ces sentimens favorables furent pourtant ébranlés quand Beaumanoir apprit qu'Albert avait souffert qu'on introduisît dans un établissement religieux confié à ses soins une jeune fille, une juive, et, comme il avait lieu de le craindre, la maîtresse d'un chevalier de son ordre; quand le commandeur parut en sa présence, Beaumanoir jeta sur lui un regard plein de sévérité.

— J'apprends, lui dit-il, que dans cette maison, consacrée à Dieu et au saint ordre du Temple, il se trouve une femme juive qu'un de nos frères y a amenée.

Il est impossible que vous l'ignoriez, sire commandeur.

Albert Malvoisin resta confus et interdit, car l'infortunée Rebecca avait été enfermée dans un appartement bien éloigné de la partie de la maison qu'occupait le grand-maître, et l'on avait pris toutes les précautions possibles pour qu'il ne pût en être instruit. Il lut dans les yeux de Beaumanoir sa perte et celle de Bois-Guilbert, s'il ne trouvait quelque moyen de détourner l'orage qui grondait.

— Pourquoi gardez-vous le silence? dit le grand-maître.

— M'est-il permis de parler? demanda le commandeur avec une feinte humilité, quoiqu'il ne cherchât qu'à gagner du temps pour préparer sa réponse.

— Parlez, nous vous le permettons. Dites-moi, connaissez-vous le chapitre de nos règles, *de commilitonibus Templi in Sanctâ-Civitate, qui cum miserrimis mulieribus versantur, propter oblectationem carnis?*

— Sans doute, très-révérend grand-maître : je ne suis point parvenu à la dignité que j'occupe dans notre ordre sans connaître une de ses prohibitions les plus importantes.

— Comment se fait-il donc que vous ayez souffert qu'un de nos frères souillât notre maison en y amenant sa maîtresse, surtout quand cette maîtresse est une juive, une sorcière.

— Une sorcière! répéta Albert Malvoisin. Que les saints anges veillent sur nous!

— Oui, une sorcière. Oserez-vous nier que Rebecca, fille de ce misérable usurier Isaac d'York, élève de cette infame sorcière Miriam, se trouve en ce moment..... j'ai honte de le dire! dans votre commanderie?

— Votre sagesse, révérend grand-maître, dit Albert, vient d'écarter le voile qui couvrait mes yeux. Je ne pouvais revenir de mon étonnement en voyant un brave et digne chevalier, tel que Brian de Bois-Guilbert, si passionnément épris des charmes de cette jeune fille, que je n'ai reçue dans cette maison que pour arrêter une intimité toujours croissante qui aurait pu être cimentée aux dépens du salut de notre vaillant frère en religion.

— Vous êtes donc bien sûr qu'il n'a point encore contrevenu à ses vœux? demanda le grand-maître.

— Sous ce saint toit, répondit le commandeur en faisant le signe de la croix, j'en prends à témoin sainte Madeleine et les onze mille vierges. Si j'ai eu tort de la recevoir ici, ma faute a été causée par l'espoir que j'avais conçu qu'en la tenant soigneusement renfermée, je guérirais mon frère d'un attachement qui me paraissait avoir quelque chose de si extraordinaire, de si peu naturel, que j'étais tenté de le croire en démence, et de le regarder comme méritant la compassion plutôt que les reproches. Mais, puisque votre sagesse a découvert que cette juive est une sorcière, cette circonstance peut expliquer la cause de cet inconcevable égarement.

— Sans doute elle l'explique, dit Beaumanoir. Voyez, Conrad, le danger de céder aux premières tentations de Satan ! on fixe ses regards sur une femme, uniquement pour satisfaire le plaisir des yeux, pour contempler ce qu'on appelle la beauté, et l'ennemi du genre humain emploie les sortilèges et les talismans pour compléter l'œuvre de notre perte, commencé par l'imprudence et la légèreté. Il peut se faire que notre frère Bois-Guilbert mérite en cette occasion plus de pitié que de blâme; que je doive employer le bâton pastoral pour le soutenir, plutôt que la verge pour le châtier; il est possible enfin que nos avis et nos prières parviennent à le détourner de sa folie et à le rendre à ses frères.

— Il serait bien fâcheux, dit Montfichet, que l'ordre perdît une de ses meilleures lances, quand il a besoin du secours de tous ses enfans. Ce Brian de Bois-Guilbert a tué plus de trois cents Sarrasins de sa propre main.

— Le sang de ces chiens maudits, dit le grand-maître, sera une offrande agréable aux anges et aux saints, qu'ils méprisent et qu'ils blasphèment; et, avec leur aide, nous détruirons l'effet des sorts et des charmes dont on s'est servi pour prendre notre frère comme dans un filet. Il rompra les liens de cette Dalila, comme Samson rompit les deux cordes neuves avec lesquelles les Philistins l'avaient lié, et il immolera encore des monceaux d'infidèles. Quant à cette misérable sorcière, qui a osé prendre un des soldats du Temple pour l'objet de ses maléfices, elle mourra.

— Mais les lois d'Angleterre! dit le commandeur, qui, voyant avec plaisir que le ressentiment du grand-maître, au lieu de se porter sur lui et sur Bois-Guilbert, prenait une autre direction, craignait maintenant qu'il ne le portât trop loin.

— Les lois d'Angleterre, répondit Beaumanoir, permettent et enjoignent même à chaque juge de faire exécuter ses jugemens dans sa juridiction. Le plus petit baron peut faire arrêter, juger et condamner toute sorcière trouvée dans ses domaines. Refuserait-on le même droit au grand-maître du Temple dans une commanderie de son ordre? Non, nous la jugerons, nous la condamnerons; la sorcière ne souillera plus la terre, et le ciel pardonnera aux justes qu'elle avait séduits. Commandeur, faites préparer la grande salle du château pour le jugement.

Albert fit un profond salut, et se retira; mais au lieu de songer à faire préparer la salle, il s'empressa de chercher Bois-Guilbert pour lui communiquer ce qui venait de se passer. Il le trouva dans un transport de rage occasioné par un nouveau refus qu'il venait d'essuyer de Rebecca.

—L'ingrate! s'écria-t-il, mépriser celui qui, au risque de ses jours, lui a sauvé la vie au milieu des flammes et du carnage! De par le ciel, Malvoisin, je l'ai cherchée dans le château de Front-de-Bœuf, au milieu des murailles et des voûtes embrasées qui s'écroulaient de toutes parts; j'ai été le but contre lequel se sont dirigées cent flèches qui résonnaient contre mon armure, et je n'ai songé à me servir de mon bouclier que pour la garantir de tout danger. Et maintenant elle me reproche de ne l'avoir pas laissée périr! Elle me refuse non-seulement des marques de reconnaissance, mais même le plus léger espoir qu'elle pourra m'en accorder un jour! Le diable, qui inspire l'obstination à toute sa race, lui en a donné certainement plus qu'à nulle autre.

— Je crois, dit le commandeur, que le diable vous possède tous deux. Combien de fois vous ai-je prêché, sinon la sagesse, du moins la prudence? Ne vous ai-je pas dit, à votre arrivée ici, que vous ne manqueriez pas de chrétiennes qui ne regarderaient pas comme un crime d'octroyer le don d'amoureuse merci à un si brave chevalier, sans aller vous entêter d'une juive opiniâtre? De par Dieu, je suis tenté de croire que le vieux Lucas de Beaumanoir ne se trompe pas en disant qu'elle a jeté un sort sur vous.

— Lucas de Beaumanoir! s'écria Bois-Guilbert. Sont-ce là vos précautions, Malvoisin? Avez-vous souffert que ce radoteur apprît que Rebecca est dans la commanderie?

— Comment pouvais-je l'empêcher? Je n'ai rien négligé pour lui cacher ce secret; mais il est trahi. Est-ce par le diable ou non? c'est ce que le diable seul peut dire. Mais j'ai tout arrangé pour le mieux, et vous n'avez rien à craindre, si vous renoncez à votre folie. Le grand-maître vous plaint. Vous êtes une victime de la sorcellerie. Rebecca a jeté un charme sur vous. En un mot, elle est sorcière, et elle va périr comme telle.

— Non, de par le ciel! s'écria Bois-Guilbert

— Si, de par le ciel! répliqua le commandeur. Ni vous, ni moi, ni personne ne pouvons la sauver. Lucas de Beaumanoir s'imagine sans doute que la mort d'une juive sera un sacrifice expiatoire de toutes les fautes amoureuses des chevaliers templiers, et vous savez qu'il a le pouvoir comme la volonté de faire exécuter ce qu'il a une fois résolu.

— Les siècles futurs, dit Bois-Guilbert en se promenant à grands pas dans l'appartement d'un air agité, pourront-ils jamais croire qu'un fanatisme si stupide ait jamais existé?

— Je ne sais ce qu'ils croiront, dit Malvoisin avec sang-froid; mais ce que je sais fort bien, c'est que de nos jours, parmi les laïques comme dans le clergé, quatre-vingt-dix-neuf personnes sur cent crieront *Amen* à la sentence du grand-maître.

— J'y suis! dit Bois-Guilbert...... Albert, vous êtes

mon ami; il faut favoriser l'évasion de Rebecca, et je la ferai transporter dans un endroit plus sûr et plus secret.

— Quand je le voudrais, cela me serait impossible. La porte n'est-elle pas gardée par des hommes d'armes de la suite de Beaumanoir, et les chevaliers qui sont venus avec lui ne lui sont-ils pas tous dévoués? n'ont-ils pas sans cesse les yeux ouverts pour voir s'il ne se passe rien contre les règles? D'ailleurs, pour être franc avec vous, mon cher Bois-Guilbert, je vous dirai que je ne me soucie pas de m'embarquer dans cette affaire, quand même je pourrais espérer de conduire ma voile au port. J'ai déjà couru assez de risques pour l'amour de vous, sans y joindre celui de me voir dégrader, ou de perdre ma commanderie, pour le plaisir de sauver une misérable poupée juive. Quant à vous, Bois-Guilbert, si vous voulez suivre mon avis, vous renoncerez à cette fantaisie, et vous lancerez vos chiens sur quelque autre gibier. Songez au rang que vous occupez dans l'ordre, aux honneurs qui vous y attendent, à la place éminente à laquelle vous pouvez aspirer. Sacrifierez-vous de telles espérances à une folle passion? Donnerez-vous à Beaumanoir une occasion de vous expulser de notre ordre. Il ne manquera pas de la saisir, car il est jaloux de son autorité, et il sait que s'il fait un faux pas, que si sa main tremblante laisse échapper un instant le bâton de commandement, la vôtre est prête à le saisir. Ne doutez pas qu'il ne vous perde si vous lui en offrez un prétexte en vous déclarant le protecteur d'une sorcière juive. Laissez-le satisfaire ses préjugés dans cette affaire, puisque vous ne pouvez l'en empêcher. Quand vous serez une fois revêtu de sa dignité, vous pourrez prendre des juives pour maîtresses, ou les faire brûler, comme bon vous semblera.

— Malvoisin, dit Bois-Guilbert, ce sang-froid est celui d'un...

— D'un ami, dit le commandeur se hâtant de placer ce mot-là où Bois-Guilbert allait probablement en prononcer un autre beaucoup moins doux. Oui, j'ai le sang-froid d'un ami, et je n'en suis que plus en état de vous donner des conseils. Je vous dis encore une fois que vous ne pouvez sauver Rebecca ; vous ne pouvez que vous perdre avec elle. Allez trouver le grand-maître, dites-lui, en vous jetant à ses pieds...

— A ses pieds !... Grand Dieu ! Non ; mais je lui dirai, à sa barbe, que...

— Eh bien, dites-lui à sa barbe que vous êtes fou de votre juive ; et plus vous lui en direz, plus vous le convaincrez de la nécessité de détruire, par la mort de cette fille, le sort qu'elle a jeté sur vous. Pour récompense de ce trait de folie, vous serez chassé de l'ordre ; aucun de vos frères, dans un cas semblable, n'osera intercéder pour vous ; et, au lieu de la brillante carrière ouverte à votre ambition, il ne vous restera d'autre parti à prendre que d'aller lever la lance dans quelque misérable querelle entre la Flandre et la Bourgogne.

— Vous avez raison, Malvoisin, dit Bois-Guilbert après un instant de réflexion. Je ne donnerai pas à ce vieux fanatique un tel avantage sur moi. Quant à Rebecca, c'est une ingrate ; elle ne mérite pas que je lui sacrifie mon rang, mon honneur et mes projets. Oui, je l'oublierai, je l'abandonnerai à son destin, à moins que....

— Point de réserve ! s'écria Malvoisin. Tenez-vous en

à cette sage et salutaire résolution. Les femmes ne sont que des jouets pour faire passer quelques heures de la vie; l'ambition en est l'affaire sérieuse. Périssent mille poupées comme cette juive, plutôt que de vous arrêter dans la noble carrière que vous avez à parcourir! Quant à présent, il faut nous séparer, je ne voudrais pas même qu'on nous vît converser ensemble. Je vais faire disposer la grande salle pour le jugement!

— Quoi! si promptement! dit Bois-Guilbert.

— Un procès n'est pas long, répondit le commandeur en partant, quand le juge a prononcé d'avance la sentence.

— Rebecca, dit Bois-Guilbert quand il se trouva seul, il est probable que tu vas me coûter bien cher! Je ne puis suivre les conseils de ce lâche hypocrite, et t'abandonner à ton destin. Je ferai encore un effort pour te sauver. Mais prends-y garde, si tu me paies encore d'ingratitude, je n'écoute plus que la voix de la vengeance. Bois-Guilbert ne hasardera pas sa vie et son honneur pour n'obtenir d'autre récompense que le mépris et les reproches.

Le commandeur avait à peine donné les ordres nécessaires pour faire préparer la salle, qu'il rencontra Conrad Montfichet, qui l'informa que le grand-maître voulait procéder à l'instant au jugement de la juive.

— Tout ceci me semble un rêve, dit Malvoisin. Un grand nombre de juifs exercent l'art de guérir; et quoiqu'ils fassent des cures merveilleuses, on ne les accuse pas d'être sorciers.

— Le grand-maître pense différemment, répondit Montfichet. Mais, entre nous, Albert, sorcière ou non, ne vaut-il pas mieux que cette misérable juive périsse, que de voir notre ordre perdre un brave chevalier comme Bois-Guilbert, ou se déchirer lui-même par une division intestine? Vous connaissez la réputation dont Bois-Guilbert jouit, et qu'il a méritée ; vous savez combien il a de partisans parmi nos frères ; mais tout cela ne lui servira de rien auprès d'un grand-maître comme le nôtre, s'il vient à le croire le complice et non la victime de cette juive. Quand elle renfermerait en sa personne toutes les ames des douze tribus d'Israël, il vaut mieux qu'elle périsse seule que de souffrir qu'elle entraîne Bois-Guilbert dans sa ruine.

— Je viens de travailler à le convaincre qu'il doit l'abandonner, et je me flatte d'avoir réussi. Mais encore faut-il quelques motifs pour condamner cette juive comme sorcière. Que pourra faire le grand-maître avec des preuves aussi faibles.

— Il faut les fortifier, Albert; il faut les fortifier : m'entendez-vous?

— Sans doute, je vous entends, et de vains scrupules ne m'arrêtent point quand il s'agit des intérêts de l'ordre. Mais le délai est bien court pour se procurer des instrumens convenables.

— Il faut en trouver, Malvoisin, il faut en trouver, pour l'intérêt de l'ordre et pour le vôtre. Templestowe est une pauvre commanderie, celle de Maison-Dieu vaut le double : vous connaissez mon crédit auprès de notre vieux chef; trouvez des gens qui conduisent cette affaire à bien, et vous êtes commandeur de Maison-Dieu dans le fertile comté de Kent. Qu'en dites-vous ?

— Parmi les hommes d'armes qui sont venus ici avec Bois-Guilbert, il en est deux que je connais. Ils étaient au service de mon frère, Philippe de Malvoisin, et ont passé ensuite à celui de Front-de-Bœuf. Il est possible qu'ils sachent quelque chose des sorcelleries de cette juive.

— Cherchez-les donc à l'instant, Malvoisin, et écoutez-moi : si une couple de besans d'or étaient nécessaires pour leur rafraîchir la mémoire, ne les épargnez pas.

— Des besans! pour un sequin ils jureraient que la mère qui les a enfantés est une sorcière.

— Voyez-les donc, car à midi l'instruction du procès commencera. Je n'ai jamais vu tant d'impatience et d'activité à notre vieux chef depuis le jour où il a condamné au feu Hamet Alfagi, qui était retourné à la foi de Mahomet.

La grosse cloche du château venait de sonner midi, quand Rebecca entendit marcher sur l'escalier qui conduisait à l'appartement qu'elle occupait. Le bruit des pas annonçait l'arrivée de plusieurs personnes, et cette circonstance lui fit plaisir, car elle ne craignait rien tant qu'une visite du fougueux Bois-Guilbert, et les autres maux dont elle était menacée lui inspiraient moins de terreur. La porte de sa chambre s'ouvrit, et elle vit entrer Albert de Malvoisin et Conrad Montfichet, suivis de quatre gardes vêtus de robes noires, et portant des hallebardes.

— Fille d'une race maudite, lui dit le commandeur, lève-toi, et suis-nous.

— Où m'allez-vous conduire? leur demanda Rebecca.

— Juive, répondit Conrad, il ne t'appartient pas de faire des questions ; tu ne dois qu'obéir. Apprends cependant que tu vas être traduite devant le tribunal du grand-maître de notre saint ordre, pour y être jugée.

— Que le Dieu d'Abraham soit loué! s'écria Rebecca

Tom. xxxv.

en levant les mains vers le ciel : me dire que je vais paraître devant un juge, quoiqu'il soit ennemi de mon peuple, c'est m'assurer que je vais trouver un protecteur. Je vous suivrai avec bien du plaisir, permettez-moi seulement de prendre mon voile.

Ils descendirent l'escalier d'un pas lent et solennel; et, ayant traversé une longue galerie, une grande porte à deux battans s'ouvrit devant eux, et ils se trouvèrent dans la salle où le grand-maître avait établi son tribunal.

L'extrémité inférieure de la salle, séparée par une balustrade, était remplie d'écuyers et d'hommes d'armes. Ce ne fut pas sans peine que les deux templiers, Rebecca et les quatre hommes d'armes qui fermaient la marche, se firent jour à travers la foule. Pendant qu'elle la traversait quelqu'un lui mit dans la main un morceau de papier, qu'elle reçut sans trop y faire attention, et qu'en y réfléchissant elle crut pourtant devoir conserver. L'assurance qu'elle avait quelque ami dans cette assemblée lui donna le courage de lever les yeux quand elle fut à la place qui lui était assignée, et d'examiner en présence de qui elle se trouvait. La scène qui s'offrit à ses regards sera décrite dans le chapitre suivant.

CHAPITRE XXXVII.

« Où trouver une loi plus dure, plus sévère,
» Que celle qui, s'armant d'une rigueur austère,
» Exerce au nom du ciel d'affreuses cruautés ? »

Le moyen âge.

Le tribunal érigé pour le jugement de l'innocente et infortunée Rebecca occupait le dais, ou la partie élevée de la grande salle, espèce de plate-forme que nous avons déjà décrite comme la place d'honneur destinée aux maîtres et aux hôtes de distinction dans les châteaux.

En face de l'accusée, sur un siège plus élevé que les autres, était assis le grand-maître, couvert de son grand manteau blanc, tenant en main le bâton mystique avec le symbole de l'ordre. A ses pieds était placée une table devant laquelle étaient assis deux scribes, chapelains de l'ordre, chargés de dresser un procès-verbal de ce qui allait se passer. Leurs vêtemens noirs, leurs têtes chauves et leurs figures graves formaient un contraste frappant avec l'air belliqueux des chevaliers présens à cette assemblée, les uns résidant à la commanderie de Templestowe, les autres venus à la suite du grand-maître. Quatre commandeurs étaient placés sur des sièges moins élevés que celui de leur supérieur ; venaient ensuite les simples chevaliers, assis sur des bancs encore moins élevés, à pareille distance des commandeurs que ceux-ci se trouvaient du grand-maître ; derrière eux, toujours sur le daïs ou la partie élevée de la salle, étaient debout les écuyers de l'ordre vêtus de blanc, mais en drap de qualité inférieure.

Toute l'assemblée avait un air de gravité profonde. On remarquait sur la physionomie des chevaliers les traces d'une hardiesse militaire tempérée par une sorte de recueillement solennel qu'exigeait la présence de leur grand-maître.

Toute la salle était bordée de gardes armés de pertuisanes, et la partie inférieure était remplie d'une foule qu'y avaient attirée la curiosité et le désir de voir en même temps un grand-maître et une sorcière juive. Beaumanoir avait ordonné qu'on ne refusât à personne l'entrée de Templestowe, afin de donner la plus grande publicité à l'acte édifiant de justice qu'il allait exercer. Ses grands yeux bleus semblaient s'ouvrir encore davantage en se fixant sur cette assemblée, quoique composée en grande partie de paysans venus des villages voisins, et sa physionomie paraissait s'exalter par le sentiment intime de sa haute dignité, et du mérite qu'il attribuait au rôle qu'il allait jouer. Un psaume, entonné par les deux chapelains, ouvrit la séance, et Beaumanoir l'accompagna lui-même d'une voix forte que l'âge n'avait pas dépouillée de ses moyens. Les sons solennels du *Venite exultemus Domino*, que les templiers faisaient si souvent entendre à l'instant d'attaquer leurs ennemis terrestres, lui avaient paru les plus convenables pour célébrer son triomphe sur les puissances des ténèbres, car c'était ainsi qu'il envisageait le jugement qu'il allait prononcer.

Le concert de cent voix accoutumées à chanter en chœur alla frapper les voûtes de la salle, et se prolongea sous ses arceaux comme le son harmonieux et solennel des flots d'un torrent ou d'une cataracte.

Quand les chants eurent cessé, le grand-maître jeta un coup d'œil sur le cercle qui l'entourait, et remarqua qu'une des places destinées aux commandeurs était vacante. Bois-Guilbert, qui l'occupait, l'avait quittée, et se tenait debout dans un coin près des simples chevaliers ; d'une main il étendait son grand manteau comme pour cacher sa figure, de l'autre il traçait des lignes avec la pointe de son épée sur le plancher de la salle.

— L'infortuné ! dit Beaumanoir en le regardant d'un air de compassion : voyez, Conrad, quel effet ce spectacle imposant produit sur lui ! à quoi peut être réduit un digne et vaillant chevalier par le regard d'une femme, à l'aide de la magie et de l'ennemi du genre humain ! Voyez, il n'ose lever les yeux ni sur nous ni sur elle, et qui sait si ce n'est point par une impulsion du malin esprit que sa main trace sur le plancher ces lignes cabalistiques ! Qui sait si ce n'est pas notre vie, notre sûreté que ces signes menacent ! Mais n'importe, nous défions les puissances de l'abîme, *Semper leo percutiatur*.

Il parlait ainsi à voix basse à son confident le commandeur Montfichet, qui était placé à sa droite; après quoi il adressa la parole à l'assemblée, dans les termes suivans :

— Vaillans et révérends commandeurs et chevaliers de ce saint ordre, mes frères et mes enfans! — Vous aussi, nobles et pieux écuyers qui aspirez à porter cette sainte croix! — Et vous, chrétiens de toutes classes, — apprenez que ce n'est pas le manque de pouvoir en notre personne qui nous a déterminé à assembler ce chapitre. Quelque indigne que nous en soyons, en recevant ce bâton de commandement, nous avons été investi du droit de juger, de condamner et de punir dans tout ce qui concerne le bien de notre saint ordre. Le bienheureux saint Bernard a dit, dans la cinquante-neuvième des règles qu'il nous a tracées (1), que les frères ne s'assembleraient en conseil que sous le bon plaisir du grand-maître, le laissant libre par conséquent d'en convoquer un général ou partiel quand il le juge convenable, dans tel lieu et dans tel temps qu'il lui plaît. Dans ces chapitres, il est de notre devoir d'écouter les avis de nos frères, et d'agir ensuite d'après notre propre jugement. Mais quand le loup furieux attaque le troupeau et en emporte une des brebis, il est du devoir du bon pasteur d'appeler ses compagnons à son aide pour attaquer l'ennemi avec l'arc et la fronde, d'après notre précepte bien connu, qu'il faut toujours frapper le lion rugissant.

(1) Nous renvoyons le lecteur aux règles du pauvre ordre militaire du Temple, dans les œuvres de saint Bernard. — L. T.

« A ces causes, nous avons mandé en notre présence une juive nommée Rebecca, fille d'Isaac d'York, femme connue par les sortilèges et les talismans qu'elle emploie, et auxquels elle a eu recours pour égarer l'esprit et séduire le cœur, non d'un serf, mais d'un noble chevalier; non d'un chevalier séculier, mais d'un chevalier engagé dans le saint ordre du Temple; non d'un simple chevalier du Temple, mais d'un des précepteurs de notre ordre, un des premiers par le rang et l'honneur. Notre frère Brian de Bois-Guilbert nous est connu, et l'est aussi à tous ceux qui m'entendent, comme un champion zélé de la croix, dont le bras a fait des prodiges de valeur dans la Terre-Sainte, et a purifié les lieux saints par le sang des infidèles. Il n'était pas moins recommandable par la prudence et la sagacité que par la bravoure et le courage; de sorte que dans l'Orient comme dans l'Occident nos chevaliers le regardaient comme un de ceux qui pouvaient aspirer à porter ce bâton, quand il plairait à Dieu de nous décharger de ce fardeau.

« En apprenant qu'un tel homme, si honorable, si honoré, a tout à coup oublié ce qu'il devait à son caractère, à ses vœux, à ses principes, à ses frères; qu'il a jeté un regard de concupiscence sur une juive; qu'il a oublié ses propres dangers pour ne songer qu'à la défendre; enfin qu'il a poussé l'aveuglement et la folie jusqu'à l'amener dans une de nos commanderies, que pouvons-nous dire, sinon que le noble chevalier était possédé du malin esprit, ou sous l'influence de quelque charme, de quelque maléfice? Si nous pouvions penser autrement, ni son rang, ni sa valeur, ni sa renommée, ni aucune considération humaine, ne pourraient le mettre à l'abri d'un juste châtiment; nous obéirions au texte qui nous prescrit de rompre tout pacte avec l'iniquité, *auferte malum ex vobis!*

« Dans cette affaire lamentable, de nombreux chefs d'accusation sont portés contre le coupable.

« 1° Il a marché selon sa volonté, malgré le chapitre 33 : *Quod nullus juxta propriam voluntatem incedat;*

« 2° Il a eu communication avec une excommuniée, chapitre 57, *ut fratres non participent cum excommunicatis;* aussi a-t-il encouru en partie l'*anathema Maranatha;*

« 3° Il a eu des liaisons avec des femmes étrangères, et le réglement dit : *ut fratres non conversentur cum extraneis mulieribus;*

« 4° Il n'a pas évité, bien plus, il a sollicité les caresses de la femme par laquelle, dit la dernière règle de notre ordre, *ut fugiantur oscula*, les soldats de la croix sont attirés dans le piège.

« Après des contraventions si multipliées aux lois de notre sainte institution, Brian de Bois-Guilbert serait exclu de notre sainte congrégation, quand il en serait l'œil droit et la main droite. »

Ici Beaumanoir s'arrêta : un murmure sourd se fit entendre dans l'assemblée; quelques-uns des plus jeunes chevaliers, qui avaient été tout disposés à rire du statut *de osculis fugiendis*, prirent tout à coup un air plus grave et attendirent avec anxiété ce qu'allait ajouter le grand-maître.

« Tel serait, continua-t-il, le châtiment d'un chevalier du Temple qui aurait péché sciemment contre ces points importans.

« Mais si, par le moyen de quelque sortilège, Satan s'est emparé de son esprit, peut-être pour avoir trop imprudemment jeté les yeux sur cette fille, nous devons le plaindre au lieu de le châtier ; lui imposer une pénitence qui puisse le purifier de son égarement, et tourner le glaive de notre indignation sur l'agent maudit qui a failli occasioner sa chute totale. Levez-vous donc, vous qui avez connaissance de ces faits, et rendez témoignage à la vérité, afin que nous puissions voir si notre justice peut être apaisée par le châtiment de cette infidèle, ou si nous devons, le cœur saignant, procéder à des mesures plus rigoureuses contre notre frère. »

On appela plusieurs témoins pour prouver les dangers auxquels Brian de Bois-Guilbert s'était exposé pour sauver Rebecca du château embrasé, et la manière dont il l'avait ensuite protégée au risque de ses jours. Ils donnèrent ces détails avec toute l'exagération à laquelle se livre en général l'esprit du peuple lorsqu'il s'agit de quelque événement extraordinaire, et leur penchant naturel se trouva doublement excité par l'air de satisfaction avec lequel l'éminent personnage qui présidait l'assemblée écoutait leur récit. Ainsi les périls qu'avait surmontés Bois-Guilbert, déjà assez grands en eux-mêmes, devinrent tels qu'il n'avait pu y échapper que par miracle. Le soin qu'il avait pris de la personne de Rebecca fut représenté comme un dévouement absolu dont on trouverait à peine un exemple ; et l'on peignit sa déférence à tout ce qu'elle lui disait quoiqu'elle lui adressât souvent des paroles de reproches, comme portée à un excès qui devenait surnaturel dans un homme d'un caractère fier et hautain.

Le commandeur de Templestowe fut alors invité à décrire la manière dont Bois-Guilbert et la juive étaient arrivés à la commanderie. Il avait préparé sa déclaration avec beaucoup d'art. Tout en tâchant d'éviter de blesser le caractère irritable de son ami, il laissa entrevoir qu'il lui avait paru qu'il fallait que celui-ci fût atteint de quelque aliénation temporaire d'esprit, tant il semblait éperdument épris de la juive qu'il amenait. Le commandeur, avec un soupir de contrition, avoua le regret qu'il éprouvait d'avoir permis qu'une juive entrât dans cette sainte maison. — Mais, ajouta-t-il, j'ai fait mes aveux à notre respectable grand-maître; il sait que mes motifs étaient purs, et je suis prêt à me soumettre à telle pénitence qu'il jugera à propos de m'imposer.

— Vous avez bien parlé, frère Albert, dit le grand-maître; je rends justice à vos intentions : elles étaient bonnes; vous vouliez arrêter un de vos frères dans sa carrière coupable. Mais cependant votre conduite a été blâmable : vous avez agi comme celui qui, voulant arrêter un cheval fougueux, le saisirait par l'étrier au lieu de le prendre par la bride, et courrait par là le risque de se nuire à lui-même, sans réussir dans son projet. Notre pieux fondateur exige de nous treize *Pater noster* chaque matin, et neuf à l'heure de vêpres; vous en réciterez le double; — l'usage de la viande est permis aux templiers trois fois la semaine, — vous vous en abstiendrez pendant les sept jours. Vous continuerez cette pénitence pendant six semaines.

Le commandeur salua profondément son supérieur avec l'air hypocrite d'une grande soumission, et se remit à sa place après s'être prosterné jusqu'à terre.

— Ne conviendrait-il pas, mes frères, dit le grand-maître, de prendre quelques informations sur la vie antérieure de cette femme, dans la vue surtout de découvrir si elle a fait usage de charmes, de sortilèges ou de talismans, puisque tout, dans cette malheureuse affaire, doit nous porter à croire que notre frère a cédé aux inspirations de quelque ange des ténèbres?

Herman de Goodalricke était un des quatre commandeurs présens à la séance, les trois autres étaient Conrad, Malvoisin et Bois-Guilbert lui-même. Herman était un ancien guerrier couvert de cicatrices, qu'il devait au cimeterre des musulmans, et il jouissait d'une grande considération parmi ses frères; il se leva en ce moment, et salua le grand-maître, qui lui accorda sur-le-champ la permission de parler.

— Très-révérend grand-maître, dit-il, je voudrais savoir de notre vaillant frère Brian de Bois-Guilbert ce qu'il a à répondre à tout ce qu'il vient d'entendre, et de quel œil il regarde lui-même en ce moment sa malheureuse liaison avec cette juive.

— Brian de Bois-Guilbert, dit le grand-maître, vous entendez la question de notre frère Herman de Goodalricke: je vous ordonne d'y répondre.

Bois-Guilbert tourna la tête du côté du grand-maître, qui lui adressait la parole, et garda le silence.

— Il est possédé par un diable muet! dit le grand-maître. Retire-toi, Satan! Parlez, Bois-Guilbert, ajouta-t-il en étendant son bâton vers lui, je vous en conjure au nom de ce symbole de notre saint ordre.

Bois-Guilbert fit un effort sur lui-même pour cacher le mépris et l'indignation qui l'animaient, et dont il savait que la manifestation ne lui serait d'aucun secours. — Révérend grand-maître, lui dit-il, Bois-Guilbert dédaigne de répondre à des inculpations si futiles et si vagues. Si quelqu'un attaque son honneur, il le défendra avec cette épée, qui a si souvent combattu pour la chrétienté.

— Nous vous pardonnons, frère Brian, dit le grand-maître ; vous glorifier ainsi de vos propres actions en notre présence est une nouvelle faute que nous n'attribuons qu'à l'ennemi qui s'est emparé de vous. Nous vous la pardonnons, parce que ce n'est pas vous qui parlez, c'est lui qui s'exprime par votre bouche. Mais, avec la grace du ciel, nous le terrasserons, et le forcerons à fuir de notre assemblée.

Un regard de dédain partit des yeux de Bois-Guilbert, et se dirigea vers Lucas de Beaumanoir ; mais l'accusé garda le silence.

— Maintenant, dit le grand-maître, puisque nous ne pouvons espérer de meilleure réponse à la question de notre frère Goodalricke, continuons notre enquête, et, avec l'aide du ciel, nous pénétrerons jusqu'au fond de ce mystère d'iniquité. Que ceux qui connaissent quelque chose sur la vie et la conduite de cette juive se lèvent, et comparaissent devant nous.

Il se manifesta en ce moment quelque agitation dans la partie de la salle où était le public ; et Beaumanoir, en ayant demandé la cause, apprit qu'il s'y trouvait un paralytique à qui la juive avait rendu l'usage de ses membres par un baume merveilleux.

C'était un paysan, saxon de naissance, qui ne se souciait nullement de paraître devant le tribunal, tremblant qu'on ne lui fît un crime d'avoir été guéri par une juive. Il fallut le traîner de force devant le grand-maître. On ne pouvait dire néanmoins qu'il fût complètement guéri, car il se servait encore de béquilles. Il fit sa déclaration à contre-cœur et en versant des larmes. Il convint pourtant que, demeurant à York il y avait deux ans, et travaillant comme menuisier pour

Isaac, il avait été attaqué d'une paralysie qui le tint long-temps immobile dans son lit, jusqu'à ce que les remèdes que lui avait donnés Rebecca, et principalement un baume merveilleux, lui eussent rendu en partie l'usage de ses membres ; que de plus elle lui avait remis un pot de cet onguent précieux, avec une pièce d'or pour se rendre chez ses parens, qui demeuraient près de Templestowe. — Et, s'il plaît à votre gracieuse Révérence, ajouta-t-il, toute juive qu'elle est, je ne crois pas qu'elle m'ait voulu du mal ; car toutes les fois que je me suis servi de son remède, j'ai fait le signe de la croix auparavant, et récité un *pater* et un *ave*, et il n'en a pas moins bien opéré.

— Paix, esclave, paix ! dit le grand-maître. Il convient bien à des brutes qui, comme toi, travaillent pour une race maudite, de venir vanter des cures dues au pouvoir de l'enfer. Je te dis que le démon peut envoyer des maladies, afin de les guérir lui-même, et de mettre en crédit quelques pratiques infernales. As-tu sur toi le baume dont tu parles ?

Le paysan, fouillant dans sa poche d'un air de répugnance visible, en tira une boîte sur le couvercle de laquelle étaient gravés quelques caractères hébreux, preuve certaine, pour la plupart des spectateurs, qu'elle sortait de la pharmacie du diable. Lucas de Beaumanoir ordonna qu'on la lui remit, et fit le signe de la croix avant d'y toucher. Comme il connaissait la plupart des langues de l'Orient, il lut facilement l'inscription qu'elle portait : *Le lion de la tribu de Juda a vaincu.*

— Étrange pouvoir de Satan, s'écria-t-il, qui peut changer les saintes Écritures en blasphèmes, et faire un poison de ce qui doit être une nourriture journalière ! Y a-t-il ici quelque médecin qui puisse nous dire quels ingrédiens entrent dans ce baume mystique ?

Deux hommes, soi-disant médecins, s'avancèrent. L'un était un moine, l'autre un barbier de village ; ils examinèrent la boîte, et dirent qu'ils ne pouvaient indiquer les matières qui composaient le baume qu'elle contenait, mais qu'ils y trouvaient une odeur de myrrhe et de camphre, que leur ignorance nomma des herbes orientales. Mais, avec cette malignité qu'inspire leur profession contre ceux qui y obtiennent des succès sans y être légalement agrégés, ils donnèrent à entendre que puisqu'ils ne connaissaient pas ce remède, il fallait qu'il eût été composé par art magique, attendu qu'ils étaient versés dans toutes les branches de leur art, en tant qu'elles étaient compatibles avec la croyance d'un chrétien.

Lorsque cette discussion médicale fut terminée, le paysan demanda humblement qu'on lui remît le baume qui lui avait été si salutaire.

— Quel est ton nom, drôle ? lui demanda le grand-maître en fronçant le sourcil.

— Higg, fils de Snell, répondit le paysan.

— Eh bien Higg, fils de Snell, apprends de moi qu'il vaut mieux être paralytique que de devoir sa guérison au secours des infidèles qui tiennent du démon le pouvoir de dire *lève-toi et marche !* qu'il vaut mieux ravir aux infidèles leurs trésors de vive force, que d'accepter les dons de leur bienveillance ou de se mettre à leurs gages. Retire-toi, et fais comme j'ai dit.

— Hélas ! dit le paysan, n'en déplaise à Votre Révérence, elle vient trop tard pour moi, car je ne suis plus bon à rien; mais je dirai à mes deux frères qui servent le riche Nathan-Ben-Samuel, que votre grand'-maîtrise dit qu'il est plus légal de le voler que de le servir fidèlement.

— Qu'on fasse retirer ce misérable bavard ! dit Beaumanoir qui ne s'attendait pas à entendre tirer une telle conclusion de ses maximes.

Higg, fils de Snell, rentra promptement dans la foule, appuyé sur ses béquilles. Mais, s'intéressant au sort de sa bienfaitrice, et voulant savoir quel serait son destin, il resta dans la salle, au risque de rencontrer encore le regard sévère du juge terrible dont la présence lui inspirait une vive terreur.

Le grand-maître ordonna alors à Rebecca de lever son voile. Ouvrant la bouche pour la première fois, elle répondit d'un air timide, mais avec dignité, que les filles d'Israël n'avaient pas coutume de se découvrir le visage en public. Cette réponse modeste et la voix douce de Rebecca intéressèrent en sa faveur tout l'auditoire. Mais Beaumanoir se croyait obligé en conscience de réprimer tout sentiment d'humanité qui aurait pu refroidir son zèle à exécuter ce qu'il regardait comme son devoir. Il réitéra son ordre, et un garde fit un geste pour arracher son voile à la jeune juive. Se levant aussitôt, et s'adressant au grand-maître et aux chevaliers qui l'entouraient : — Pour l'amour de vos filles, s'écria-t-elle..... Hélas ! j'oublie que vous n'en avez point !..... Mais par le tendre souvenir que vous conservez de vos mères et de vos sœurs, je vous en conjure, ne souffrez pas qu'un homme porte la main, en votre présence, sur une malheureuse fille !

Vous êtes les anciens de votre peuple, je vous obéirai, et vous montrerai les traits d'une infortunée.

Elle prononça ces mots avec une expression de douleur et de résignation qui attendrit presque le cœur de Beaumanoir lui-même. Levant en même temps son voile, elle leur découvrit un visage où il y avait autant de dignité que de pudeur timide. Sa beauté excita un murmure de surprise, et les jeunes chevaliers, se regardant les uns les autres, se dirent des yeux que ses attraits étaient le meilleur sortilège qu'elle eût pu employer pour gagner le cœur de Bois-Guilbert. Mais Higg, fils de Snell, fut celui sur qui la vue de sa bienfaitrice produisit le plus d'effet. — Laissez-moi sortir, cria-t-il aux hommes d'armes qui gardaient la porte; sa vue me tuerait!..... ne suis-je pas un de ses meurtriers?

— Paix, brave homme! dit Rebecca qui avait entendu cette exclamation. Tu n'as pu me nuire en disant la vérité, et tes plaintes ne peuvent me servir en rien. Garde le silence, je te prie; retire-toi, et que le ciel te protège!

Les gardes allaient mettre Higg à la porte, de crainte qu'il ne troublât une seconde fois l'assemblée, et qu'on ne les en rendît responsables; mais il leur promit de ne plus ouvrir la bouche, et obtint la permission de rester.

On appela alors les derniers témoins; c'étaient les deux hommes d'armes dont Albert de Malvoisin avait parlé à Montfichet. Quoique ce fussent des scélérats endurcis, la vue de celle qui allait être leur victime, sa beauté, son air noble et touchant, parurent les interdire un instant; mais un regard expressif du commandeur Malvoisin leur rendit tout leur sang-froid. Avec une précision qui aurait paru suspecte à des juges plus favorables, ils déposèrent sur ce qu'ils avaient vu. Les détails de leur déposition étaient ou faux ou insignifians; mais les faits les plus naturels éveillent le soupçon, quand ils sont rapportés, comme dans cette circonstance, avec une exagération manifeste et des commentaires sinistres. Les allégations de ces deux témoins, dans des temps plus modernes, auraient été divisées en deux classes, comprenant l'une des choses triviales, l'autre des choses physiquement impossibles; mais, dans ce siècle d'ignorance et de superstition, les unes et les autres étaient admises comme des preuves de crime. On aurait rangé dans la première ce qu'ils dirent, qu'on entendait souvent Rebecca se parler à elle-même dans une langue inconnue; qu'elle chantait des chansons dont on ne comprenait pas les paroles, et qui cependant plaisaient à l'oreille, et faisaient tressaillir le cœur de ceux qui les entendaient; qu'en se parlant à elle-même elle semblait quelquefois attendre une réponse; que ses vêtemens étaient d'une forme étrange et tels que les femmes de bon renom n'en portaient point; qu'elle avait des bagues sur lesquelles étaient gravées des devises cabalistiques; enfin que des caractères inconnus étaient brodés sur son voile.

Toutes ces circonstances, si naturelles, si triviales, furent écoutées gravement comme des preuves, ou du moins comme de fortes présomptions que Rebecca était en correspondance avec les puissances des ténèbres.

Mais un de ces soldats fit une déposition moins équivoque, et à laquelle la plus grande partie de l'assemblée fut assez crédule pour ajouter foi, quelque incroyable qu'elle fût. Il déclara qu'il l'avait vue opérer une cure merveilleuse sur un homme blessé, au château de Torquilstone ; qu'elle avait fait des signes sur sa blessure, avait prononcé certains mots mystérieux que, grace au ciel, il n'avait pas compris, et qu'aussitôt le fer d'une flèche en était sorti, le sang s'était arrêté, la blessure s'était fermée, et que le blessé, une heure après, était sur les murailles, et aidait le témoin à lancer des pierres sur les assiégeans. Cette fable était peut-être fondée sur le fait véritable que Rebecca avait donné des soins à Ivanhoe dans le château de Torquilstone. Mais il était d'autant plus difficile de contester la véracité du déposant, que, pour produire une preuve matérielle à l'appui de son témoignage verbal, il tira de sa poche un fer de flèche, qu'il affirma être celui qui était miraculeusement sorti de la blessure.

Son camarade, en faction sur une tour, avait vu la scène qui s'était passée entre Bois-Guilbert et Rebecca, lorsque celle-ci avait été sur le point de se précipiter du haut de la petite plate-forme qui régnait le long de la fenêtre de la chambre où elle avait été enfermée. Ne voulant pas rester en arrière de son camarade, il déclara qu'il avait vu Rebecca avancer sur la plate-forme, se changer en cigne d'une blancheur éclatante, voler trois fois autour de la grande tour de Torquilstone, revenir à la même fenêtre, et y reprendre sa première forme.

La moitié de ces preuves imposantes aurait été plus que suffisante pour faire déclarer sorcière une vieille femme pauvre et laide, quand même elle n'aurait pas été juive ; unies à cette dernière et fatale circonstance, ces preuves devenaient trop évidentes pour que la jeunesse et la beauté de Rebecca pussent produire quelque impression en sa faveur.

Le grand-maître, après avoir recueilli les suffrages, demanda à Rebecca, d'un ton solennel, si elle avait quelque chose à alléguer contre la sentence de condamnation qu'il allait prononcer.

—Invoquer votre compassion, dit l'infortunée juive d'une voix tremblante d'émotion, serait une ressource aussi inutile que basse à mes yeux; vous dire que soulager les malades et les blessés d'une religion différente ne peut déplaire au fondateur reconnu de ma foi et de la vôtre, ne me servirait pas davantage; vous assurer qu'il n'y a qu'imposture dans la plupart des choses que vous ont dites contre moi ces deux hommes, à qui Dieu puisse pardonner! ce serait m'exposer à ne pas être crue, puisque vous en supposez la possibilité; et quel avantage trouverais-je à vous dire que mes mœurs, mon langage, mes vêtemens, sont ceux de mon peuple? j'ajouterais, et de mon pays, mais nous n'en avons plus! Je ne chercherai pas même à me justifier aux dépens de mon oppresseur, qui écoute ici les fictions calomnieuses par lesquelles on semble vouloir faire du tyran une victime. Que Dieu soit juge entre lui et moi! Mais j'accepterais dix fois la mort que vous me préparez, plutôt que d'écouter les propositions que m'a faites cet homme de Bélial, tandis que j'étais sans défense, sans amis, et sa prisonnière. Il est de votre foi, et le moindre mot qu'il prononcerait obtiendrait de vous plus de crédit que les protestations les plus solennelles d'une malheureuse juive. Je ne dirigerai donc pas contre lui l'accusation intentée contre moi; mais c'est à vous, Brian de Bois-Guilbert, oui c'est à vous-même que j'en appelle; c'est vous que j'interpelle de déclarer si les inculpations faites contre moi ne sont pas fausses et calomnieuses.

Elle se tut : tous les yeux étaient fixés sur Bois-Guilbert; mais il garda le silence.

—Parlez, continua-t-elle, si vous êtes homme, si vous êtes chrétien! je vous en conjure par l'habit que vous portez, par le nom qui a appartenu à vos ancêtres, par l'ordre de chevalerie dont vous êtes revêtu, par l'honneur de votre mère; parlez, dites si je suis coupable de ce dont on m'accuse!

—Répondez-lui, mon frère, dit Beaumanoir, si l'ennemi contre lequel je vous vois lutter vous en laisse le pouvoir.

Dans le fait Bois-Guilbert était tellement agité par les diverses passions qui se combattaient dans son cœur, qu'on aurait cru, en voyant ses traits, qu'une puissance surnaturelle leur faisait subir d'affreuses convulsions. Roulant les yeux d'une manière effrayante, il s'écria enfin d'une voix sourde en jetant un regard sur Rebecca : — Le papier! le papier!

—Eh bien! dit Beaumanoir, voilà une nouvelle preuve. La victime des sortilèges de cette misérable juive ne peut, malgré tous ses efforts, que nommer le papier, le fatal papier sur lequel elle a sans doute tracé les mots cabalistiques qui constituent le charme, et qui le condamnent au silence.

Rebecca interpréta différemment les mots qui semblaient avoir été arrachés à Bois-Guilbert. Elle se rappela le morceau de parchemin qui lui avait été glissé dans la main lorsqu'elle était entrée dans cette salle, et qu'elle y avait toujours conservé, et y ayant jeté un coup d'œil à la dérobée, elle lut ces mots tracés en caractères arabes : — *Demandez le combat et un champion.* — L'espèce d'agitation que la réponse de Brian de Bois-Guilbert avait causée dans l'assemblée, où chacun cherchait avec son voisin l'interprétation qu'il convenait d'y donner, facilita à Rebecca le moyen de lire ce billet, et de le déchirer à l'instant, sans qu'on s'en aperçût.

Dès que le silence se fut rétabli : — Rebecca, lui dit le grand-maître, tu vois que tu ne peux tirer aucun avantage des discours de ce malheureux chevalier. L'ennemi qui le tourmente est trop fort pour lui. As-tu autre chose à nous dire ?

— Oui, répondit Rebecca : vos lois mêmes m'offrent encore une chance pour sauver ma vie. Cette vie a été bien misérable, au moins depuis quelque temps, mais c'est un don de Dieu, et je ne dois pas le mépriser. J'userai de tous les moyens qu'il m'accorde pour ma défense. Je suis innocente ; l'accusation portée contre moi est calomnieuse, et je demande à le prouver par le combat judiciaire et par un champion.

— Et qui voudra, répliqua Beaumanoir, lever la lance pour une sorcière, pour une juive ?

— Dieu me suscitera un défenseur, répondit Rebecca. Il est impossible qu'en Angleterre, dans ce pays où naissent tant d'hommes généreux, braves et humains, il ne se trouve personne qui veuille combattre pour la justice. Mais il suffit que je réclame l'épreuve du combat judiciaire, et voici mon gage.

A ces mots, elle ôta un des gants brodés qu'elle portait, et le jeta devant le grand-maître avec un air de modestie et de dignité qui fit naître dans toute l'assemblée autant d'admiration que de surprise.

CHAPITRE XXXVIII.

« . . . . . . Je jette mon gage,
» Et si quelqu'un de vous ose le relever,
» Qu'il songe à l'ennemi qu'il s'expose à trouver! »
SHAKSPEARE. *Richard II.*

Lucas de Beaumanoir lui-même fut touché de la noblesse et des graces de Rebecca. Il n'était naturellement ni cruel ni même sévère ; mais son cœur, ayant toujours été étranger aux passions, s'était endurci à la longue par la vie ascétique qu'il avait embrassée, par l'habitude des combats, par le pouvoir suprême dont il était revêtu, et par le devoir qu'il croyait indispensable de déraciner l'hérésie et de subjuguer les infidèles. Ses traits perdirent quelque chose de leur inflexibilité ordinaire, quand ses yeux se fixèrent sur l'intéressante créature qui, seule, sans appui, sans amis, se défendait avec tant de courage et de noblesse. Il fit trois fois le signe de la croix, craignant sans doute que l'attendrissement inusité qu'éprouvait en ce moment son ame, ordinairement dure comme l'acier de son épée, ne fût l'effet de quelque sortilège.

—Jeune fille, dit-il enfin, si la pitié que tu m'inspires est causée par quelques pratiques de magie auxquelles tu aurais recours, ton crime est grand, mais j'aime mieux la regarder comme un sentiment naturel à mon cœur, qui saigne en voyant une créature douée de tant d'avantages extérieurs devenue un vase de perdition. Confesse tes fautes, ma fille ; repens-toi ; renonce à tes erreurs ; embrasse notre sainte foi dont ce bâton porte l'emblème, et tu peux encore être heureuse dans ce monde et dans l'autre. Placée dans quelque maison religieuse de l'ordre le plus austère, tu auras le temps de prier et de faire pénitence. Reçois la vie à ces conditions. Qu'a fait pour toi la loi de Moïse, pour que tu t'obstines à périr pour elle.

— C'est la loi de mes pères, répondit Rebecca ; elle leur a été donnée sur le mont Sinaï au milieu du tonnerre et des éclairs. Vous le croyez vous-mêmes, si vous êtes chrétiens. Vous dites que cette loi est révoquée, mais c'est ce qu'on ne m'a point appris à croire.

— Qu'on appelle notre chapelain, dit Beaumanoir, et qu'il explique à cette infidèle opiniâtre.....

— Pardonnez-moi de vous interrompre, dit Rebecca, je ne suis qu'une jeune fille incapable d'argumenter sur les vérités de ma religion, mais je puis mourir pour elle, si c'est la volonté de Dieu. Permettez-moi de vous demander si vous m'accordez ma requête pour le combat judiciaire.

— Qu'on me passe son gant ! dit Beaumanoir. — C'est

un gage bien faible, bien frêle, ajouta-t-il en l'examinant, pour une demande aussi terrible que celle d'un combat à outrance. Regarde bien ce gant, ma fille, et compare-le aux gantelets qui couvrent nos mains : telle est la différence qui se trouve entre ta cause et celle du Temple; car c'est notre ordre que tu défies.

— Mettez mon innocence dans la balance, répondit Rebecca avec fermeté, et le gant de soie l'emportera sur le gantelet de fer.

— Ainsi donc tu persistes dans le refus de confesser tes crimes, et dans le défi audacieux que tu as fait?

— J'y persiste, noble seigneur.

— Soit donc fait ainsi qu'il est requis, et que le jugement de Dieu prouve quelle est la bonne cause!

— *Amen!* répondirent les commandeurs placés près du grand-maître. — *Amen!* répétèrent les chevaliers, ainsi que toute l'assemblée.

— Mes frères, dit Beaumanoir, vous savez que nous pourrions refuser à cette femme le privilège du combat judiciaire; mais, quoiqu'elle soit juive et sorcière, elle est étrangère, sans défense, elle réclame le bénéfice de nos lois protectrices; à Dieu ne plaise que nous ne le lui accordions pas! D'ailleurs, si nous sommes voués à l'état religieux, nous n'en sommes pas moins chevaliers et soldats, et nous aurions à rougir de refuser le combat, sous quelque prétexte que ce puisse être. Voici donc, mes frères, l'état de l'affaire : Rebecca, fille d'Isaac d'York, juive de religion, prévenue, par un grand nombre de circonstances plus que suspectes, d'avoir employé des sortilèges contre la personne d'un noble chevalier de notre saint ordre, demande le combat pour prouver son innocence. A qui pensez-vous que nous devions remettre le gage de bataille, en le nommant notre champion?

— A Brian de Bois-Guilbert, dit le commandeur de Goodalricke. C'est lui que cette affaire concerne particulièrement, et il en connaît la justice mieux que personne.

— Mais si notre frère Brian est sous l'influence d'un sortilège! Nous ne parlons ainsi que par prudence, car il n'existe pas dans tout l'ordre un bras auquel nous confierions plus volontiers la défense de son honneur.

— Révérend grand-maître, reprit le commandeur, vous savez que nul sortilège ne peut atteindre le champion qui se présente au combat pour le jugement de Dieu.

— Il est vrai, dit Beaumanoir. Albert Malvoisin, remettez à Brian de Bois-Guilbert le gage de bataille. Frère, dit-il à ce dernier, nous vous recommandons de combattre avec courage, et de ne pas douter du triomphe de la bonne cause. Rebecca, nous t'accordons trois jours, en comptant celui-ci, pour trouver un champion.

— Le délai est bien court, dit-elle, pour qu'une étrangère, une femme d'une autre religion que la vôtre, puisse espérer de trouver un homme qui veuille risquer pour elle sa vie et son honneur.

— Nous ne pouvons le prolonger, répliqua le grand-maître. Le combat doit avoir lieu en notre présence, et de puissans motifs nous appellent ailleurs le quatrième jour.

— Que la volonté de Dieu soit faite, dit Rebecca. Je mets ma confiance en celui qui peut plus de choses en un instant que l'homme pendant toute l'éternité.

— C'est bien parlé, dit Beaumanoir, mais nous savons quel est celui qui peut emprunter les apparences d'un ange de lumière. Il ne reste plus qu'à fixer la place du combat et de l'exécution, s'il y a lieu. Où est le commandeur Malvoisin?

Malvoisin, tenant encore le gant de Rebecca, était près de Bois-Guilbert, et lui parlait à voix basse d'un air animé.

—Refuserait-il le gage de bataille? demanda le grand-maître d'un ton sévère.

—Non, révérend grand-maître, répondit Malvoisin en cachant le gant sous son manteau, il l'accepte. Quant au lieu du combat, je vous proposerai le champ de Saint-Georges, dépendant de cette commanderie, et où nous faisons nos exercices militaires.

—Fort bien! dit le grand-maître. Rebecca, c'est en ce champ clos que tu devras présenter ton champion; et s'il ne remporte pas la victoire, ou qu'il ne se présente personne pour combattre pour toi, tu périras de la mort réservée aux sorcières, car telle est notre sentence. Que ce jugement soit consigné sur nos registres, et qu'on en fasse lecture publique, afin que nul n'en prétende cause d'ignorance.

Un des chapelains qui remplissaient les fonctions de greffier, inscrivit ce jugement sur un gros registre in-folio, qui servait à transcrire les actes capitulaires du Temple, et lorsqu'il eut fini, l'autre en fit la lecture à haute et intelligible voix.

— Rebecca, juive, fille d'Isaac d'York, convaincue de sorcellerie, séductions et autres pratiques diaboliques, contre un chevalier du saint ordre du Temple de Sion, nie ce dont elle est accusée, et prétend que le témoignage porté contre elle est faux, perfide et déloyal.

Comme par la légitime *exoine* (1) de son corps, incapable de combattre elle-même, elle offre de soutenir son dire par un gentilhomme qui fera son devoir loyal de chevalier, et combattra avec les armes d'usage, à ses risques et périls; pour ce, elle a donné son gage, qui a été remis au noble chevalier Brian de Bois-Guilbert, du saint ordre du Temple de Sion. Ledit Bois-Guilbert a été choisi pour défendre son ordre et lui-même contre les outrages, les pratiques et les dénégations de l'accusée. Le très-révérend père et puissant seigneur Lucas, marquis de Beaumanoir, ayant permis le susdit défi et admis ladite *exoine* de l'appelante, a assigné le troisième jour pour le combat dans les lices de Saint-Georges, près de la commanderie de Templestowe. Le grand-maître somme l'appelante de paraître dans ce lieu en la personne de son champion, sous peine d'être livrée au supplice des accusés convaincus de séduction et sorcellerie; et aussi le défendeur, sous peine d'être déclaré lâche par défaut.

— Le noble seigneur et révérend père ordonne que le combat ait lieu en sa présence; et Dieu assiste la bonne cause !

— *Amen !* dit le grand-maître; *amen !* répondit toute l'assemblée. Rebecca garda le silence, leva les yeux au ciel, croisa les bras sur sa poitrine, et resta une minute dans cette attitude. Alors s'adressant au grand-maître avec sa modestie ordinaire, elle lui dit qu'on devait lui permettre de communiquer avec ses amis, pour les

(1) *Exoine*. Ce mot signifie absence (impossibilité à comparoir en justice). Il se rapporte ici au privilège accordé à l'accusée de fournir un champion, ne pouvant combattre en personne à cause de son sexe. — Éd.

instruire de la situation dans laquelle elle se trouvait, afin qu'ils lui procurassent un champion pour défendre sa cause.

—Ta demande est de toute justice, répondit Beaumanoir : choisis le messager que tu voudras, et il aura libre communication avec toi dans la chambre qui te sert de prison.

—Y a-t-il quelqu'un ici, dit Rebecca en se tournant vers l'auditoire, qui, par amour pour la justice, ou dans l'espoir d'une riche récompense, veuille rendre ce service à une fille aussi innocente que malheureuse?

Personne ne répondit à cet appel. Personne n'osait, en présence du grand-maître, montrer quelque intérêt pour une juive qu'il venait de condamner comme sorcière, de peur de se rendre suspect de favoriser le judaïsme ou la sorcellerie. Ni l'appât d'une récompense, ni bien moins encore un sentiment de compassion, ne purent surmonter cette crainte.

Rebecca resta quelques instans dans un état d'inquiétude qu'il serait impossible de décrire.—Est-il bien possible, s'écria-t-elle, est-ce bien en Angleterre que je me trouve privée du faible espoir de salut qui me reste, faute d'un acte de charité qu'on ne refuserait pas au dernier des criminels!

—Je ne puis marcher qu'avec des béquilles, dit Higg, fils de Snell; mais si je remue les jambes, c'est à vous que je le dois, et je ferai votre commission aussi bien qu'il me sera possible. Plût à Dieu que mes pieds pussent réparer la faute de ma langue! Hélas! quand j'eus le malheur de louer votre charité, je ne m'imaginais guère que je vous mettais en danger!

—Dieu dispose de tout, dit Rebecca : entre ses mains,

le plus faible instrument peut briser les fers de la captivité de Juda. Pour porter ses messages, le limaçon est un courrier aussi sûr que l'aigle.

Elle écrivit à la hâte quelques mots en hébreu sur un morceau de parchemin qu'un des chapelains lui donna par ordre du grand-maître. — Cherche Isaac d'York, dit-elle à Higg, remets-lui ce billet. Voici de quoi louer un cheval et payer tes dépenses. Je ne sais si c'est du ciel que me vient ce pressentiment, mais j'espère ne pas mourir de la mort qu'on me destine. Dieu me suscitera un défenseur. Adieu ; songe que ma vie dépend de ta diligence.

Bien des spectateurs cherchèrent à détourner Higg de toucher à un billet écrit en caractères cabalistiques ; mais il était résolu à rendre service à sa bienfaitrice. Elle a guéri mon corps, leur dit-il, et je suis sûr qu'elle ne peut vouloir mettre mon ame en péril.

Il sortit sur-le-champ de Templestowe.

— J'emprunterai le cheval de mon voisin Buthan, pensait-il en reprenant le chemin de son village, et avec une telle monture et la grace de Dieu, je serai bientôt à York.

Par un heureux hasard, il n'eut pas besoin d'aller si loin. A un quart de mille de la commanderie, il aperçut deux hommes à cheval, qu'à leurs toques jaunes il reconnut pour juifs. Quand il en fut plus près, il vit que l'un était Isaac d'York et l'autre le rabbin Ben-Samuel. Ils rôdaient autour de la commanderie sans oser y entrer, ayant appris que le grand-maître y faisait le procès d'une sorcière.

— Frère Ben-Samuel, lui disait Isaac, mon ame est inquiète, et ce n'est pas sans raison. Cette accusation de sorcellerie est un des prétextes dont on se sert bien souvent pour nous persécuter.

— Tranquillisez-vous, frère, répondit Nathan : vous êtes assez riche pour ne pas craindre les Nazaréens. C'est un peu plus ou un peu moins d'argent qu'il vous en coûtera. L'argent aura sur eux le même pouvoir que l'anneau de Salomon avait sur les mauvais esprits. Mais quel est ce pauvre diable qui s'avance vers nous appuyé sur des béquilles? il a l'air de vouloir nous parler. Ami, dit-il à Higg, as-tu besoin des secours de mon art, je ne te les refuse point ; mais je ne donnerais pas un aspre à un homme qui mendie sur le grand chemin. Es-tu impotent des jambes? Tu ne peux être ni courrier, ni soldat, ni berger; mais tu as l'air d'avoir de bons bras, et il y a d'autres métiers dans lesquels tu pourrais..... Eh bien! frère, qu'avez-vous donc?

Isaac, pendant cette harangue, avait pris le billet qu'Higg lui avait présenté; et à peine y eut-il jeté les yeux, qu'il changea de couleur, poussa un profond gémissement, et tomba de son cheval par terre, où il resta quelques instans privé de tout sentiment.

Le rabbin alarmé descendit de cheval, et appliqua à son compagnon tous les remèdes que son art lui suggéra. Il avait même pris dans sa poche une ventouse, et il allait tirer du sang à Isaac lorsque celui-ci retrouva tout à coup l'usage de ses sens; mais ce fut pour jeter sa toque loin de lui, et répandre de la poussière sur ses cheveux gris. Il le crut attaqué d'un accès de vertige; et, persistant dans sa première intention, il reprit en main ses instrumens. Mais Isaac le convainquit bientôt de son erreur.

— Fille de douleur! s'écria-t-il, on aurait dû te nommer Benoni et non Rebecca. Faut-il que ta perte conduise mes cheveux blancs au tombeau? faut-il que dans l'amertume de mon cœur je maudisse Dieu, et que je meure.

— Y pensez-vous, frère? dit le rabbin; êtes-vous un enfant d'Israël pour parler de la sorte? j'espère que la fille de votre maison vit encore.

— Elle vit, répondit Isaac, mais comme Daniel dans la fosse aux lions. Elle est captive des enfans de Bélial, qui vont exercer leur cruauté contre elle, sans pitié pour sa jeunesse ni pour son innocence. Elle était une couronne de palmes pour mes cheveux blancs, et la voilà flétrie en une nuit, comme la courge de Jonas. Enfant de mon amour! fille de ma vieillesse! O Rebecca, fille de Rachel! les ténèbres de la mort t'environnent déjà!

— Mais que contient cet écrit? n'indique-t-il pas ce qu'on peut faire pour sa délivrance?

— Lisez, mon frère, lisez; car mes yeux sont obscurcis par les larmes.

Le rabbin prit le billet de Rebecca, et lut en hébreu ce qui suit :

« *A Isaac, fils d'Adonikam, que les gentils nomment Isaac d'York. Que la bénédiction de la Promesse se multiplie sur lui.*

« MON PÈRE,

« Je suis condamnée à mort pour un crime que je ne connais même pas, pour le crime de sorcellerie. Si l'on peut trouver un homme vaillant pour défendre ma cause avec la lance et l'épée, suivant les usages des Nazaréens, dans le champ de Saint-Georges, dans trois jours en comptant celui-ci, Dieu lui donnera peut-être assez de force pour faire triompher l'innocence dépourvue de tout autre secours. Si l'on ne trouve personne, les jeunes filles de notre tribu peuvent, dès à présent, pleurer sur moi, comme sur la fleur abattue par la faux du moissonneur. Cherchez donc du secours où vous croirez pouvoir en trouver. Un guerrier nazaréen, Wilfrid, fils de Cedric, que les gentils nomment Ivanhoe, consentirait, je crois, à prendre les armes pour moi ; mais il ne doit pas encore être en état de supporter le poids de son armure. Cependant, mon père, apprenez-lui quelle est ma situation, car il a des amis parmi les hommes puissans de son peuple ; et, comme il a été notre compagnon d'esclavage, il est possible qu'il me trouve un défenseur. Et dites-lui, dites à Wilfrid, fils de Cedric, que Rebecca, soit qu'elle vive ou qu'elle meure, vivra ou mourra innocente du crime dont elle est accusée. Si c'est la volonté de Dieu que vous soyez privé de votre fille, ne demeurez pas plus long-temps dans cette terre de sang, et retirez-vous à Cordoue, où votre frère vit en sûreté, à l'ombre du trône du Sarrasin Boabdil ; car les cruautés des Maures contre la race de Jacob sont plus supportables que celles des Nazaréens d'Angleterre. »

Isaac écouta avec assez de calme la lecture de cette lettre ; mais, quand elle fut terminée, il continua ses démonstrations de douleur à la manière orientale, en se jetant de la poussière sur la tête, en déchirant ses vêtemens, et en s'écriant :

— Ma fille, ma Rebecca ! chair de ma chair ! os de mes os !

— Prenez courage, lui dit le rabbin : le chagrin ne remédie à rien. Ceignez vos reins, et cherchez ce Wilfrid, fils de Cedric. Peut-être vous donnera-t-il des conseils ou des secours, car il est le favori de Richard, que les Nazaréens appellent Cœur-de-Lion, et qu'on assure généralement être de retour en ce pays. Il peut se faire qu'il obtienne de lui une lettre et son sceau, pour défendre à ces hommes de sang, qui prennent le nom du saint Temple à son déshonneur, de mettre à exécution leur jugement inique.

— Je le chercherai, dit Isaac, car c'est un brave jeune homme qui a compassion des exilés de la terre de Jacob. Mais il ne peut encore porter ses armes, et quel autre chrétien voudra combattre pour une fille de Sion ?

— Vous parlez en homme qui ne connaît pas les gentils. Avec de l'or vous achèterez leur valeur, comme avec de l'or vous achèterez votre sûreté. Prenez courage, et occupez-vous sur-le-champ de trouver ce Wilfrid d'Ivanhoe. Je vais, de mon côté, travailler pour vous, car ce serait un grand péché que de ne pas aider son frère dans une telle calamité. Je vais me rendre à York ; un grand nombre de guerriers y sont assemblés ; j'en trouverai parmi eux quelqu'un qui consentira à prendre la défense de votre fille ; car l'or est leur Dieu ; et, pour de l'or, ils mettraient leur vie en gage comme leurs biens..... Vous exécuterez toutes les promesses que je ferai en votre nom, mon frère ?

— Sans doute, sans doute ! Béni soit le ciel qui m'envoie un tel consolateur, un tel soutien dans ma misère !..... Cependant ne leur accordez pas tout d'un coup tout ce qu'ils vous demanderont : ménagez bien mes intérêts. Tel de ces maudits Nazaréens qui prétendra d'abord à des marcs d'or, se réduira ensuite à des onces..... Au surplus, faites pour le mieux, car je suis au désespoir : à quoi me servira tout mon or, si je perds ma fille !

— Adieu, dit Nathan ; il est temps d'agir. Puisse la paix rentrer dans ton cœur !

Ils s'embrassèrent, et partirent chacun par une route différente.

Higg, fils de Snell, était resté près d'eux pendant toute cette conversation, à laquelle il n'avait rien compris, attendu qu'ils parlaient en hébreu. Il les suivit des yeux quelque temps.

— Ces chiens de juifs, dit-il quand il les eut perdus de vue, ils ne font pas plus d'attention à moi que si j'étais un Turc, un païen, ou un juif circoncis comme eux ! Ils auraient bien pu me jeter un sequin ou deux. Je n'étais pas obligé de leur apporter Dieu sait quel griffonnage, au risque d'être ensorcelé, comme bien des braves gens m'en ont averti. Quel bien me fera l'or que m'a donné cette jeune fille, si, quand j'irai à confesse aux pâques prochaines, je suis forcé d'en jeter deux fois autant dans le tronc de l'église pour ma pénitence ; et si par-dessus le marché, on m'appelle toute ma vie le messager boiteux des juifs ? Je crois qu'elle m'a véritablement ensorcelé pour me décider à me charger de sa commission. Mais elle a toujours ensorcelé de même tous ceux qui l'approchent, juifs ou chrétiens ; personne ne peut rien lui refuser, et je donnerais ma boutique et mes outils pour lui sauver la vie.

CHAPITRE XXXIX.

« Je connais ton orgueil, tes mépris, ta froideur :
» Mais la même fierté vit aussi dans mon cœur. »

SEWARD.

Le jour qui avait vu le jugement de Rebecca touchait à sa fin ; le crépuscule succédait déjà à la clarté du soleil quand la belle juive, toujours fidèle aux devoirs de sa religion, ayant fait sa prière du soir, entendit frapper doucement à la porte de la chambre qui lui servait de prison.

Rebecca y fit peu d'attention : elle terminait sa prière par une hymne que nous avons essayé de traduire ainsi :

I.

« Lorsque Israël, le peuple chéri du Seigneur, sortit

« de la terre d'esclavage, le Dieu de ses pères marcha
« devant lui, guide redoutable au milieu de la fumée et
« des flammes. Pendant le jour, la colonne de feu glis-
« sait lentement au-dessus des nations étonnées ; pen-
« dant la nuit, les sables de pourpre de l'Arabie réflé-
« chissaient l'éclat de sa flamme.

II.

« Les saints cantiques s'élevaient au ciel, les trom-
« pettes et les psaltérions y répondaient : les filles de
« Sion mêlaient leurs hymnes à la voix du prêtre et du
« guerrier. Aucun prodige n'étonne aujourd'hui mes
« ennemis ; Israël abandonné erre au loin solitaire. Nos
« pères ont refusé de suivre tes voies, et tu les as laissé
« suivre les leurs.

III.

« Mais tu es toujours présent, quoique invisible.
« Quand brillera un jour prospère, que ton souvenir
« soit le voile qui nous protège contre les rayons trom-
« peurs ; et, quand la nuit orageuse couvrira Juda de
« ses ténèbres, sois lent à frapper, et prête-nous ta clarté
« secourable.

IV.

« Nous avons laissé nos harpes près des fleuves de
« Babylone. Nous sommes le jouet des tyrans, le mé-
« pris des gentils ; l'encens ne brûle plus sur notre au-
« tel ; nos trompettes, nos psaltérions sont muets ; mais
« tu as dit : Le sang des boucs, la chair des béliers
« n'ont aucun prix à mes yeux : un cœur contrit, une
« humble pensée, voilà le sacrifice qui m'est agréable. »

IVANHOE.

Quand la voix de Rebecca eut cessé de se faire entendre, on frappa de nouveau à la porte.

— Entrez, si vous êtes un ami, dit-elle; et, quand vous seriez un ennemi, je n'ai nul moyen de vous en empêcher.

— Il faut que je sois l'un ou l'autre, Rebecca, dit Bois-Guilbert en entrant; — ami ou ennemi, suivant le résultat de notre entretien.

Alarmée à la vue de cet homme, dont elle regardait la passion criminelle comme la cause de toutes ses infortunes, Rebecca recula jusqu'au bout de l'appartement d'un air inquiet plutôt que craintif; elle s'y tint debout, déterminée à fuir aussi loin que possible, mais à se défendre avec courage, si elle était forcée de s'arrêter. Son attitude n'était pas celle de quelqu'un qui défie, mais plutôt celle d'une résolution à toute épreuve.

— Vous n'avez aucun sujet de me craindre, Rebecca, dit le templier; ou du moins vous n'avez aucun sujet de me craindre en ce moment.

— Je ne vous crains pas, répondit Rebecca, quoique sa respiration oppressée semblât démentir l'héroïsme de ses discours : j'ai mis en Dieu toute ma confiance, il sera ma force.

— Vous n'en avez pas besoin contre moi. A deux pas d'ici sont des gardes chargés de veiller sur vous jusqu'à ce qu'ils vous conduisent à la mort. Je n'ai aucune autorité sur eux. Au moindre bruit, vous les verriez accourir, et je serais moi-même en danger s'ils me surprenaient ici.

— Dieu soit loué! s'écria Rebecca : la crainte de la mort est ce qui m'effraie le moins dans ce repaire de méchanceté.

— Sans doute l'idée de la mort n'a rien d'effrayant pour une ame courageuse, quand elle n'est pas accompagnée de circonstances qui la rendent plus terrible. Périr par la lance ou par l'épée n'est presque rien pour moi ; sauter du haut d'une tour, vous percer d'un coup de poignard serait peu de chose pour vous ; vous préféreriez cette mort à ce que vous appelleriez votre déshonneur. Quand je vous parle ainsi, peut-être ai-je sur l'honneur des idées aussi romanesques que vous ; mais quoi qu'il en soit, nous saurions tous deux mourir plutôt que d'y renoncer.

— Homme infortuné ! dit Rebecca : êtes-vous donc condamné à exposer votre vie pour des principes dont votre raison et votre jugement ne reconnaissent pas la solidité ? c'est donner un trésor pour ce qui ne peut se convertir en pain. Mais ne croyez pas que notre situation soit la même. Votre résolution peut changer au gré des vagues agitées de l'opinion des hommes, et la mienne est ancrée sur le rocher des siècles.

— Silence, Rebecca, de pareils discours sont maintenant hors de saison. Vous êtes condamnée à mourir, mais non d'une mort soudaine et facile, telle que le malheur la désire, telle que le désespoir la cherche ; elle sera lente, terrible, accompagnée de cruelles tortures, réservées à ce qu'une superstition diabolique appelle votre crime.

— Et si tel doit être mon destin, qui dois-je en accuser ? N'est-ce pas celui qui, s'abandonnant à une passion criminelle, m'a amenée ici malgré moi ; celui qui, encore à présent, je ne sais dans quelles intentions, cherche à m'épouvanter en me faisant l'horrible tableau du sort qui m'attend, et auquel il m'a exposée ?

— Ne croyez pas que je vous y aie exposée volontairement. Je vous garantirais aujourd'hui de tout danger avec autant d'empressement que j'en ai mis à vous couvrir de mon bouclier contre les traits qu'on lançait sur nous dans la cour du château de Torquilstone.

— Si votre dessein avait été d'accorder une protection honorable à une malheureuse fille, je vous devrais de la reconnaissance ; mais, quoique vous ayez cherché tant de fois à vous en faire un mérite, je vous dirai que, connaissant vos sentimens, j'aurais mieux aimé perdre la vie que de me trouver entre vos mains.

— Trêve de reproches, Rebecca ; j'ai aussi mes chagrins, et je ne puis souffrir que vous cherchiez à les aggraver encore.

— Quels sont donc vos desseins, sire chevalier? faites-les-moi connaître en peu de mots. Si vous avez quelque autre but que de repaître vos yeux des malheurs dont vous êtes cause, hâtez-vous de m'en instruire, et alors laissez-moi à moi-même. Le passage du temps à l'éternité est court, mais terrible, et il ne me reste que bien peu d'instans pour me préparer à la mort.

— Je vois, Rebecca, que vous continuez à m'accuser de malheurs que j'aurais voulu détourner au prix de tout ce que j'ai de plus cher au monde.

— Je voudrais éviter de vous faire des reproches, sire chevalier ; mais n'est-il pas bien certain que je ne dois ma mort qu'à votre passion criminelle.....

— Non, non ! s'écria précipitamment le templier, vous vous trompez en m'attribuant ce que je n'ai pu ni prévoir ni empêcher. Pouvais-je deviner l'arrivée imprévue de ce radoteur fanatique, que quelques traits de bravoure et les éloges donnés aux austérités d'une sotte superstition ont élevé, pour le moment, au-dessus de ses mérites, au-dessus du sens commun, au-dessus de moi, et au-dessus de tous les chevaliers de notre ordre dont le cœur n'est pas abruti par les ridicules préjugés qui sont la règle de ses pensées, de ses discours et de ses actions.

— Cependant vous étiez parmi ceux qui m'ont jugée : vous avez pris part à ma condamnation, vous qui connaissiez mon innocence ; et, si je l'ai bien entendu, vous devez paraître les armes à la main pour soutenir la justice de ma condamnation et assurer mon châtiment.

— Patience, Rebecca, patience ! votre race sait mieux que personne céder à l'orage, et gouverner sa barque de manière à tirer parti même d'un vent défavorable.

— Ce fut un moment bien malheureux que celui où elle fut obligée d'avoir recours à de tels moyens ! Mais l'adversité dompte le cœur, comme le feu fait plier l'acier indocile ; et ceux qui ne sont plus leurs maîtres, qui n'ont plus de patrie, qui n'habitent plus leur état libre et indépendant, doivent s'humilier devant les étrangers. C'est une malédiction prononcée contre nous par le ciel, et que nous devons sans doute à nos fautes et à celles de nos pères ; mais vous, sire chevalier, vous qui vous vantez de votre liberté comme d'un droit que votre naissance vous a assuré, combien n'est-il pas plus honteux de vous soumettre aux préjugés des autres, même contre votre propre conviction !

— Vos discours sont pleins d'amertume, Rebecca, dit Bois-Guilbert en parcourant l'appartement d'un air d'impatience. Je ne suis pas venu ici pour m'exposer à des reproches. Apprenez que Bois-Guilbert ne cède à aucun homme sur la terre, quoique les circonstances puissent le déterminer à changer son plan ou à s'en écarter. Sa volonté est le torrent qui descend des montagnes; on peut en détourner le cours, mais il faut qu'il se rende dans l'Océan. — Ce billet qui t'a conseillé de demander un champion, qui crois-tu qui ait pu te le faire remettre, si ce n'est Bois-Guilbert? Qui aurait pu prendre tant d'intérêt à ton destin?

— Quelques heures ajoutées à ma malheureuse vie, un répit qui probablement ne me sera d'aucune utilité, voilà tout ce que vous avez fait pour une infortunée sur la tête de laquelle vous avez accumulé tant de chagrins, et dont vous avez creusé le tombeau.

— Non, Rebecca, ce n'était pas là ce que je me proposais. Sans la maudite intervention de ce vieux fou, de ce misérable Goodalrick, qui, quoique templier, affecte toujours de suivre, dans un jugement, les règles ordinaires de l'humanité, personne n'aurait songé à charger de la défense de l'ordre celui que le grand-maître voudrait secrètement pouvoir en expulser, celui qui était présumé le complice ou la victime de vos prétendus sortilèges. Alors moi-même, car tel était mon projet, au premier son de la trompette, je paraissais dans la lice comme votre champion, déguisé en chevalier errant qui cherche les aventures pour prouver la bonté de sa lance et de son épée; et que Beaumanoir cherche un, deux, ou trois des frères assemblés à Templestowe, d'un seul coup de lance je leur fais quitter la selle. Par ce moyen, Rebecca, votre innocence aurait été reconnue, et je me serais fié à votre reconnaissance pour me récompenser de ma victoire.

— Tout cela n'est que de la vaine gloire, sire chevalier, car vous vous faites un mérite de ce que vous auriez fait, si vous n'aviez pas jugé plus convenable d'agir autrement. Vous avez reçu mon gant ; mon champion, s'il est possible qu'une créature si isolée en trouve un, doit s'exposer aux coups de votre lance, et vous voudriez vous faire passer dans mon esprit pour mon ami, pour mon protecteur !

— Oui, votre ami et votre protecteur, répéta gravement le templier, et je veux encore l'être ; mais faites bien attention à quel risque, ou plutôt avec quelle certitude de déshonneur, et ne me blâmez pas si je veux faire mes conditions avant de sacrifier tout ce que j'ai eu de plus cher jusqu'ici, au désir de sauver les jours d'une fille juive.

— Parlez, dit Rebecca, je ne vous comprends pas.

— Eh bien, je vous parlerai avec autant de franchise que le pénitent superstitieux parle au père spirituel qui le confesse. Si je ne me montre pas dans la lice, Rebecca, je perds mon rang et ma réputation, je perds ce qui m'est plus cher que l'air que je respire, l'estime de mes confrères, l'espoir d'être un jour investi de l'autorité suprême dont jouit aujourd'hui ce bigot imbécile, ce Lucas de Beaumanoir. Tel est mon destin inévitable, si je ne soutiens pas, les armes à la main, la justice de la sentence rendue contre vous. Maudit soit ce vieil insensé, ce Goodalrick qui m'a pris dans un tel piège ! Doublement maudit Albert de Malvoisin qui m'a empêché de jeter votre gant à la figure du radoteur superstitieux qui avait écouté de si absurdes accusations contre une femme aussi magnanime que belle !

— A quoi sert ce jargon de flatterie ? Vous aviez à

choisir entre le sang d'une fille innocente et la perte du rang que vous occupez, avec l'espoir d'en obtenir un plus éminent ; à quoi sert tout ce discours ? Votre choix est fait.

— Non, Rebecca, dit le chevalier d'un ton plus doux, et en se rapprochant d'elle, mon choix n'est pas encore fait, et c'est vous qui allez me le dicter. Si je parais dans la lice, il faut que je soutienne ma renommée ; par conséquent, que vous trouviez un champion ou non, votre bûcher ne s'en allume pas moins, car il n'existe aucun chevalier qui ait combattu contre moi à armes égales, ou avec avantage, si ce n'est Richard Cœur-de-Lion et son favori Ivanhoe. Ivanhoe, comme vous le savez, est hors d'état de porter les armes ; Richard est en prison dans un pays étranger ; vous périssez donc si j'entre dans la lice, quand même vos charmes engageraient quelque jeune insensé à prendre votre défense.

— Et à quoi bon me répéter cela si souvent.

— Parce qu'il est important que vous envisagiez sous deux rapports différens le destin qui vous attend.

— Eh bien donc ! retournez le tableau, et faites-m'en voir l'autre côté.

— Si je parais dans la lice, vous disais-je donc, vous périssez dans les tourmens lents et cruels qu'on prétend destinés aux coupables après leur mort. Si je n'y parais pas, l'ordre se trouve sans champion, et votre innocence est proclamée : mais alors je suis dégradé, déshonoré, accusé de complicité avec les infidèles, de sorcellerie peut-être ; le nom illustre que je porte, et à la gloire duquel j'ai encore ajouté, devient un titre de honte et de reproche ; je perds l'honneur, la renommée, l'espoir d'arriver à un poste qui m'éleverait au-dessus des empereurs ; je sacrifie ces projets ambitieux, qui me portaient aussi haut que les montagnes à l'aide desquelles les païens prétendent qu'on voulut jadis escalader le ciel...; et cependant, Rebecca, ajouta-t-il en se jetant à ses pieds, j'oublie mon honneur, je renonce à ma renommée, je sacrifie ces grandeurs, qui étaient le but de mon ambition, et auxquelles je suis près d'atteindre, si vous consentez à me dire : Bois-Guilbert, je vous accepte pour amant.

— Ne songez pas à de telles folies, sire chevalier, et si vous voulez véritablement me rendre service, hâtez-vous d'aller trouver le régent, le prince Jean. Il ne peut, par honneur pour la couronne, laisser subsister le jugement rendu par votre grand-maître. Vous m'assurerez par ce moyen une protection puissante et légitime, et vous n'aurez besoin de faire aucun sacrifice.

— Je ne puis invoquer la justice du prince Jean contre le chef de mon ordre, lui dit-il en tenant d'un air passionné, mais respectueux, le bas de sa robe; c'est vous, vous seule que j'invoque ; c'est votre pitié pour vous et pour moi que j'implore. Quel motif peut vous arrêter ? Quand je serais un démon, je suis encore préférable au trépas, et c'est le trépas que j'ai pour rival.

— Je ne suis pas dans une situation d'esprit à examiner tout cela, lui dit Rebecca avec douceur, craignant également de pousser à bout un chevalier dont elle connaissait le caractère violent, et de paraître lui donner la moindre espérance : soyez homme, soyez homme, soyez chrétien ! S'il est vrai que votre religion recommande cette charité que vous prêchez dans vos discours plus que vous ne la pratiquez dans vos actions, sauvez-moi de cette mort terrible, sans y mettre des conditions qui ne vous laissent plus le mérite de faire un trait de générosité.

— Non, dit le fier templier en se relevant, vous ne m'en imposerez point : si je renonce à ma gloire présente, à mes projets ambitieux pour l'avenir, je n'y renonce que pour vous, et vous serez la compagne de ma fuite. Écoutez-moi, Rebecca, continua-t-il en reprenant un ton plus doux : l'Angleterre, l'Europe, ne sont pas l'univers entier. Nous pouvons nous transporter dans une autre sphère, qui sera encore assez belle pour mon ambition. Nous passerons en Palestine. Conrad, marquis de Montferrat (1), est mon ami ; son esprit est, comme le mien, libre de ces préjugés superstitieux qui tiennent la raison captive. Je porterai les armes pour Saladin, s'il le faut, plutôt que d'endurer les dédains de ces fanatiques que je méprise. Je m'ouvrirai de nouveaux chemins vers la gloire, continua-t-il en marchant à grands pas dans la chambre. L'Europe entendra le bruit des pas de celui qu'elle aura rayé du nombre de ses enfans. Les millions d'hommes que les rois croisés envoient à la boucherie en Palestine ne peuvent la défendre aussi efficacement, les milliers de Sarrasins dont le bras armé cherche à s'y frayer un chemin ne peuvent l'attaquer avec autant de succès que moi et les frères qui, en dépit du vieux bigot de Beaumanoir, accourront sous mon étendard. Vous serez reine, Rebecca ; c'est sur le mont Carmel que nous placerons le trône que je prétends conquérir pour vous, et ma valeur

(1) L'auteur, ou peut-être le typographe, a confondu ici Montferrat avec Montserrat. La même erreur est répétée dans *le Talisman*. — Éd.

aura pour récompense un sceptre au lieu d'un bâton de grand-maître que j'ai désiré si long-temps.

— Tout cela n'est qu'un rêve, répondit Rebecca, une de ces visions nocturnes que fait naître l'agitation de l'esprit. Mais quand ce serait une réalité, ma résolution n'en serait pas moins inébranlable. Il me suffit de vous dire que quand vous occuperiez un trône, je ne le partagerais point avec vous. Ne croyez point que je sois assez indifférente aux biens qui nous attachent à notre patrie et à notre foi, pour accorder mon estime à celui qui est prêt à les fouler aux pieds et à renoncer à un ordre auquel il est attaché par des vœux solennels, pour satisfaire une passion illégitime qu'il a conçue pour une fille d'une autre nation. Ne mettez pas ma délivrance à prix, chevalier; ne vendez pas un acte de générosité; protégez l'opprimée par grandeur d'ame, et non par un sentiment d'égoïsme. Courez aux pieds du trône : le roi ne refusera pas de recevoir mon appel contre le jugement de ces hommes cruels.

— Jamais, Rebecca, répliqua le templier avec fierté: si je renonce à mon ordre, ce ne sera que pour toi. Si je ne puis satisfaire mon amour, l'ambition me restera. Je ne prétends pas perdre de tous côtés. M'abaisser devant Richard ! solliciter une faveur de ce cœur orgueilleux! non, jamais je ne placerai l'ordre du Temple à ses pieds en ma personne. Je puis y renoncer, mais non le trahir ni l'avilir.

— Que Dieu daigne donc me soutenir, car je n'ai guère de protection à espérer des hommes !

— C'est la vérité, Rebecca; car, toute fière que vous êtes, ma fierté est égale à la vôtre. Si j'entre une fois dans la lice, la lance au poing, ne croyez pas qu'aucune considération humaine puisse m'empêcher de me montrer digne de ma renommée. Pensez alors au sort qui vous attend. Périr de la mort des plus grands criminels ! être consumée lentement dans un brasier ardent, et réduite en cendres qui seront dispersées au gré des vents ! De tous ces attraits sur lesquels l'œil s'arrête avec tant de plaisir, rien ne restera dont on puisse dire : — Voilà ce qui appartenait à ce corps si plein de graces et de perfections ! Rebecca, le cœur d'une femme ne peut soutenir un pareil tableau : tu céderas à mes prières.

— Bois-Guilbert, répondit Rebecca, tu ne sais pas encore tout ce que peut une femme, ou tu n'en as jamais connu d'autres que celles qui avaient perdu les plus nobles sentimens de la nature. Apprends, fier templier, que dans les batailles les plus sanglantes tu n'as pas donné plus de preuves de ton courage si vanté, que n'en peuvent donner les femmes quand le devoir ou l'affection le leur ordonnent. Je ne suis moi-même qu'une femme élevée avec tous les soins de la tendresse, naturellement timide et craintive, peu habituée aux souffrances ; et cependant, quand nous entrerons dans cette lice fatale, toi pour combattre, et moi pour périr de cette mort que tu peins si terrible, je sens en moi la ferme assurance que mon courage surpassera le tien. Adieu, je n'ai plus de paroles à perdre avec toi. Le peu de temps que la fille de Jacob a encore à passer sur la terre doit être employé différemment : elle doit chercher celui qui console, celui qui peut détourner les yeux de dessus son peuple, mais qui ne ferme jamais l'oreille aux prières de ceux qui le cherchent avec sincérité et vérité.

— Et c'est donc ainsi que nous nous séparons ! dit Bois-Guilbert après un instant de silence. Plût au ciel que nous ne nous fussions jamais rencontrés, ou que tu eusses été noble de naissance et chrétienne de religion ! De par le ciel, quand je te regarde, et quand je pense au lieu et au moment où nous devons nous revoir, je voudrais être membre de ta nation dégradée, comptant des shekels et des sequins, au lieu de manier la lance et l'épée, courbant la tête devant le dernier des nobles, et n'inspirant l'effroi qu'au débiteur qui ne pourrait me payer. Oui, j'y consentirais, Rebecca, si la chose était possible, pour me rapprocher de toi, et pour éviter la part effrayante que je dois prendre à ta mort.

— Vous peignez le juif tel que l'a rendu la persécution de ceux qui vous ressemblent. Le ciel, dans sa colère, l'a chassé de son pays; mais l'industrie lui a ouvert le seul chemin à l'opulence et au pouvoir que l'oppression n'avait pu lui fermer. Lisez l'histoire du peuple de Dieu, et dites-moi si ceux par qui Jéhovah a fait tant de miracles parmi les nations étaient alors un peuple d'avares et d'usuriers. Sachez aussi, chevalier orgueilleux, que nous comptons parmi nous des noms auprès desquels votre noblesse la plus ancienne n'est que la courge rampante comparée au cèdre; des noms qui remontent à ces temps reculés où le Tout-Puissant daignait se manifester aux hommes; qui tirent leur splendeur, non des faveurs d'un prince de la terre, mais de la voix céleste qui ordonna à leurs ancêtres de s'approcher de l'autel du Très-Haut. Tels étaient les princes de la maison de Jacob.

Les joues de Rebecca brillaient d'un feu divin, tandis qu'elle parlait ainsi; mais les couleurs de son teint s'éclipsèrent lorsqu'elle ajouta en soupirant : — Oui, tels *étaient* les princes de Juda, mais tels ils ne sont plus. Ils sont foulés aux pieds comme l'herbe fauchée, et repoussés dans la boue des grands chemins; cependant il s'en trouve parmi eux qui ne démentent pas leur illustre origine, et tu verras que la fille d'Isaac fils d'Adonikam est de ce nombre...... Adieu, je n'envie ni tes honneurs achetés à prix de sang, ni tes ancêtres barbares et païens, ni ta foi, qui est toujours dans ta bouche, et qui ne se trouve jamais ni dans ton cœur ni dans tes œuvres.

— De par le ciel, il y a un sort sur moi! s'écria le templier, et je suis tenté de croire que ce squelette vivant, notre grand-maître, a dit la vérité. Le regret avec lequel je te quitte a quelque chose de surnaturel! — Créature charmante! ajouta-t-il en s'approchant d'elle d'un air respectueux, — si jeune, si belle, craignant si peu la mort, et pourtant dévouée à une mort cruelle et ignominieuse! Qui ne pleurerait sur ton sort! Les larmes étaient étrangères à ma paupière depuis plus de vingt ans, et je les sens couler sur mes joues en te regardant!... Mais, c'en est fait, rien ne peut maintenant te sauver. Toi et moi nous ne sommes que les instrumens d'une aveugle fatalité qui nous poursuit comme deux vaisseaux poussés l'un contre l'autre par les vagues dans une tempête, et engloutis en même temps dans l'abîme. Pardonne-moi donc, séparons-nous du moins en amis. C'est en vain que j'ai essayé de te faire changer de résolution, et la mienne est inébranlable comme les arrêts du destin.

— C'est ainsi, dit Rebecca, que les hommes rejettent sur le destin, sur la fatalité, les suites de leurs passions et de leurs fautes..... je vous pardonne, Bois-Guilbert, quoique vous soyez la cause de ma mort prématurée. Votre esprit était capable de choses aussi grandes que nobles, mais c'est le champ du paresseux, l'ivraie est venue y étouffer le bon grain.

— Oui, Rebecca, je suis fier, impérieux, indomptable, j'en conviens ; mais c'est ce qui m'a élevé au-dessus des esprits faibles, des lâches et des hommes superstitieux dont je suis environné. Je fus dès mes premières années un enfant des combats, audacieux dans mon ambition, bravant tous les obstacles pour la satisfaire. — Tel je serai toujours : — Fier, inébranlable, incapable de changer, et le monde en aura la preuve..... Mais tu me pardonnes, Rebecca?

— Aussi volontiers que jamais victime pardonna à son bourreau.

— Adieu donc! dit le templier : et il se précipita hors de l'appartement.

Le commandeur de Malvoisin attendait avec impatience, dans une chambre voisine, le retour de Bois-Guilbert.

— Vous avez tardé bien long-temps, lui dit-il ; j'étais, pendant tout ce temps, comme étendu sur des charbons ardens. Que serait-il arrivé si le grand-maître ou son espion Conrad fussent venus ici ? J'aurais payé bien cher ma complaisance..... Mais, qu'avez-vous donc, frère ? à peine m'écoutez-vous, et votre front paraît chargé de noirs soucis ?

— Je suis, répondit le templier, comme le misérable condamné qui n'a plus qu'une heure à vivre ; et je suis peut-être encore plus à plaindre, car il se trouve des gens qui quittent la vie aussi facilement qu'un vieil habit. De par le ciel, Malvoisin, cette jeune fille m'a désarmé de toute ma résolution. Je suis presque tenté d'aller trouver notre grand-maitre, de lui dire à sa barbe que j'abjure l'ordre, et que je refuse de jouer le rôle barbare que sa tyrannie m'a imposé.

— Vous êtes fou : c'est vouloir travailler à votre ruine sans avoir pour cela une seule chance pour sauver la vie de cette juive, à laquelle vous semblez attacher tant de prix. Beaumanoir nommera un autre champion pour soutenir en votre place la justice de son jugement, et l'accusée n'en périra pas moins que si vous vous étiez acquitté du devoir qui vous a été prescrit.

— Cela est faux, répliqua Bois-Guilbert avec impétuosité ; elle ne périra point, car c'est moi qui la défendrai. Pourriez-vous, Albert, me dire quel est le chevalier de notre ordre à qui je ne puisse me flatter de faire vider les arçons ?

— Soit ! mais vous oubliez que vous n'aurez ni le temps ni les moyens d'exécuter ce projet extravagant. Allez trouver Lucas de Beaumanoir, dites-lui que vous renoncez à vos vœux d'obéissance, et vous verrez si le vieux despote vous laissera deux minutes de liberté. A peine aurez-vous prononcé ces paroles inconsidérées que vous serez jeté à cent pieds sous terre dans les cachots de la commanderie, pour être jugé comme chevalier félon ; où, s'il continue à s'imaginer que vous êtes ensorcelé, il vous fera enfermer dans un couvent où vous aurez de la paille pour lit, du pain et de l'eau pour nourriture, des exorcismes pour récréations, et où l'on vous inondera d'eau bénite pour chasser l'ennemi qui vous possède. Il faut paraître dans la lice, Brian, ou vous êtes un homme déshonoré, perdu.

— Je fuirai, sans parler au grand-maître ; j'irai dans

quelque pays lointain où la folie et le fanatisme n'ont pas encore pénétré, et je saurai m'y faire une nouvelle réputation. Mes mains seront innocentes du meurtre de cette intéressante créature.

— Vous ne pouvez fuir, Brian. Vos discours inconsidérés vous ont déjà rendu suspect, et il ne vous est plus permis de sortir de la commanderie. Vous en doutez? faites-en l'essai : présentez-vous à la porte, et vous verrez quelle réponse vous feront les sentinelles qui gardent le pont-levis. Cette mesure vous étonne et vous offense? Mais il est heureux pour vous qu'on l'ait prise. Si vous parveniez à fuir, qu'en résulterait-il? Vous déshonoreriez vos ancêtres, vous seriez dégradé de votre rang, et la gloire de tous vos exploits serait à jamais éclipsée. Pensez à cela. Où cacheront-ils leurs têtes ces compagnons d'armes qui vous sont si dévoués, quand ils entendront proclamer Brian de Bois-Guilbert chevalier félon et déloyal? Quel deuil pour la cour de France! quelle joie pour l'orgueilleux Richard, quand il apprendra que le templier qui osa lui résister en Palestine, et dont la renommée effaçait en partie la sienne, a perdu son honneur et sa réputation pour l'amour d'une juive qu'il n'a pas même sauvée par ce sacrifice!

— Je vous remercie, Malvoisin, s'écria Bois-Guilbert : vous avez touché la corde sensible. N'importe tout ce qui pourra arriver, jamais les titres de félon et de déloyal ne seront ajoutés au nom de Bois-Guilbert. Plût à Dieu que Richard lui-même, ou quelqu'un de ses favoris anglais, parût dans la lice! mais il ne se présentera personne. Personne ne voudra risquer de rompre une lance pour une fille innocente, abandonnée!

— Tant mieux pour vous, si cela est ; s'il ne se présente aucun champion pour prendre la défense de cette malheureuse fille, vous n'aurez contribué en rien à sa mort. On ne pourra en accuser que le grand-maître; c'est lui qui en supportera tout le blâme, et il se fera honneur et gloire d'en être blâmé.

— Il est certain que si nul champion ne paraît dans la lice, je ne fais que partie du spectacle; monté sur mon cheval et couvert de mes armes, je ne prends aucune part à ce qui doit s'ensuivre.

— Pas la moindre: pas plus que la bannière de saint Georges armé de pied en cap, qu'on porte dans nos processions.

— C'en est fait, Malvoisin, je reprends toute ma fermeté. D'ailleurs, ne m'a-t-elle pas rebuté, méprisé, accablé de reproches? Pourquoi lui sacrifierais-je l'estime que les autres m'accordent! Oui, vous me verrez dans la lice!

A ces mots il sortit de l'appartement, mais le commandeur le suivit pour le surveiller et le confirmer dans ses intentions. Il prenait le plus grand intérêt à Bois-Guilbert, parce qu'il savait que si celui-ci parvenait à devenir le chef de l'ordre, il pourrait lui-même en obtenir les premières dignités, et il avait un autre motif pour agir comme il le faisait, dans les promesses que lui avait faites Conrad Montfichet, s'il contribuait à la condamnation de l'infortunée Rebecca. Cependant quoique, en combattant le sentiment de compassion auquel son ami était près de céder, il eût sur lui tout l'avantage que l'intrigue et l'égoïsme donnent sur un homme agité par des passions violentes et opposées, il eut besoin de toute son adresse pour le maintenir dans les dispositions qu'il lui avait inspirées. Il fut obligé de ne pas le perdre de vue un instant, de peur qu'il ne reprît ses projets de fuite, ou pour empêcher qu'il ne se trouvât en présence du grand-maître, et n'en vînt à une rupture ouverte avec lui. Enfin il fallut qu'il lui répétât plus d'une fois les mêmes raisonnemens pour lui démontrer qu'en paraissant dans la lice comme champion de l'ordre, il ne contribuait en rien à la mort de Rebecca, et que c'était le seul moyen de sauver son honneur et sa réputation.

CHAPITRE XL.

« Ombres, laissez Richard. — Il redevient lui-même!
SHAKSPEARE. *Richard III.*

QUAND le chevalier Noir (car il devient nécessaire de reprendre le fil de ses aventures), quand le chevalier Noir eut quitté sous le grand chêne le brave Locksley et ses compagnons, il se rendit par le chemin le plus court à un couvent voisin nommé le prieuré de Saint-Botolph, où Ivanhoe, après la prise du château, avait été conduit par le fidèle Gurth et le magnanime Wamba. Il est inutile de rendre compte ici de ce qui se passa dans l'entrevue qui eut lieu entre Wilfrid et son libérateur : il suffit de dire qu'après une longue et grave conférence entre les deux chevaliers et le prieur, celui-ci fit partir à la hâte un grand nombre de messagers, et que le lendemain le chevalier Noir se disposa à se mettre en route avec Wamba, qui devait lui servir de guide.

— Je me rends à Coningsburgh, dit-il à Ivanhoe, puisque Cedric, votre père, doit s'y trouver pour les funérailles de son ami Athelstane. Je désire voir vos amis saxons, Wilfrid, et faire avec eux plus ample connaissance que par le passé. Vous viendrez m'y rejoindre, et c'est moi qui me charge de vous réconcilier avec votre père.

Ivanhoe lui témoigna le plus vif désir de l'accompagner, mais le chevalier Noir n'y voulut pas consentir.

— Non, lui dit-il, vos blessures sont à peine fermées ; je veux que vous vous reposiez encore toute cette journée. Vous partirez demain, si vos forces vous le permettent. Je ne veux être suivi que de l'honnête Wamba, qui jouera près de moi le rôle de moine ou celui de fou, selon l'humeur où je me trouverai.

— Et je vous suivrai de tout mon cœur, dit Wamba : j'ai le plus grand désir d'être présent au festin des funérailles d'Athelstane. S'il n'est pas splendide, s'il y manque la moindre chose il sortira du tombeau pour venir chercher querelle à son cuisinier, à son intendant et à son échanson ; et vous conviendrez que ce serait un spectacle digne d'être vu. Cependant, sire chevalier, je compte sur votre valeur pour faire ma paix avec Cedric, si mon esprit venait à nous brouiller.

— Et quel succès pourrait espérer ma valeur, si ton esprit venait à échouer ? Apprends-moi cela.

— L'esprit peut bien des choses, sire chevalier : c'est un être adroit, intelligent, qui voit le côté faible de son voisin, qui en profite, et qui sait se tenir coi, quand l'orage des passions est trop fort. Mais la valeur est un gaillard vigoureux à qui rien ne peut résister, qui va contre vent et marée, et marche toujours droit au but. Ainsi donc, sire chevalier, je me charge de gouverner l'esprit de notre maître pendant le beau temps ; mais, en cas de tempête, c'est à vous que j'aurai recours.

—Sire chevalier du cadenas, puisque tel est le nom que vous voulez qu'on vous donne, dit Ivanhoe, je crains que vous n'ayez pris pour guide un fou bavard et importun. Mais il connaît tous les sentiers de nos bois aussi bien que le meilleur des chasseurs qui les fréquentent ; et, vous en avez vu une preuve, Wamba est fidèle comme l'acier.

—S'il a le talent de me montrer ma route, répondit le chevalier, je ne serai pas fâché qu'il y joigne celui de la faire paraître plus courte. Adieu, mon cher Wilfrid, je vous recommande de ne pas songer à vous mettre en voyage avant demain au plus tôt.

A ces mots, il présenta sa main à Ivanhoe, qui la porta à ses lèvres ; et, prenant congé du prieur, il monta à cheval, et partit avec Wamba. Ivanhoe les suivit des yeux jusqu'à ce que les arbres les eussent dérobés à sa vue, et il rentra dans le couvent.

Son impatience ne lui permit pas d'y rester longtemps. A peine y avait-il une heure que le chevalier était parti, qu'il fit demander une entrevue au prieur. Le digne vieillard accourut sur-le-champ, et s'informa avec inquiétude si l'état de ses blessures lui causait quelques souffrances.

—Aucune, répondit Ivanhoe ; je me trouve beaucoup mieux que je n'aurais pu l'espérer. Il faut que ma principale blessure ait été moindre que je ne l'imaginais, d'après la faiblesse où m'avait réduit la perte de sang que j'ai éprouvée, ou que le baume dont on s'est servi pour la guérir ait une vertu merveilleuse. Il me semble que je serais déjà en état de porter une armure, et j'ai la tête remplie d'idées qui ne me permettent pas de rester plus long-temps ici dans l'oisiveté.

— A Dieu ne plaise, s'écria le prieur, que le fils de Cedric le Saxon sorte de mon couvent avant que ses blessures soient parfaitement guéries ! Ce serait une honte pour la communauté, si je le souffrais.

— Je ne songerais pas à quitter votre maison hospitalière, vénérable père, si je ne me trouvais en état de supporter la fatigue du voyage, et si je n'étais forcé à me mettre en route sur-le-champ.

— Mais il était décidé que vous ne partiriez que demain. Qui peut vous avoir fait changer si promptement de résolution ?

— N'avez-vous jamais éprouvé de fâcheux pressentimens auxquels il vous était impossible d'assigner aucune cause ? Votre esprit, de même que l'horizon, ne s'est-il jamais trouvé obscurci de nuages soudains qui semblent les précurseurs d'une tempête ? Croyez-vous qu'il soit sage de mépriser ces pressentimens, et qu'ils ne peuvent être des inspirations de nos anges gardiens, qui nous avertissent de quelque danger inconnu et imprévu ?

— Je ne puis nier, dit le prieur en faisant un signe de croix, que le ciel n'ait ce pouvoir, et que de pareilles choses ne soient arrivées ; mais en ce cas, les inspirations avaient un but utile et évident. Ici au contraire à quoi bon suivre les pas de celui à qui, blessé comme vous l'êtes, vous ne pourriez être d'aucun secours s'il se trouvait attaqué ?

— Vous vous trompez, prieur ; je me sens assez de force pour échanger un coup de lance avec quiconque voudrait me défier à la joûte. Mais ne peut-il courir d'autres dangers, dans lesquels je puis lui être utile sans avoir recours aux armes ? Personne n'ignore que les Saxons n'aiment pas la race normande, et qui sait ce qui peut arriver s'il paraît au milieu d'eux quand leurs cœurs sont irrités de la mort d'Athelstane, et quand leurs têtes seront échauffées par l'orgie qu'ils appellent le festin des funérailles ! Je regarde ce moment comme très-dangereux, et je suis déterminé à prévenir le péril qu'il court, ou à le partager avec lui. Je vais donc partir à l'instant ; et j'ai désiré vous voir pour vous faire mes adieux, et vous prier de me prêter quelque palefroi dont l'allure soit plus douce que celle de mon dextrier.

— Vous aurez ma propre haquenée, dit le digne prieur ; elle est habituée à l'amble, et a l'allure presque aussi douce que celle de l'abbé de Saint-Alban. Vous ne pourriez trouver une monture plus agréable que Malkin, car c'est ainsi que je la nomme, quand même vous prendriez le cheval du jongleur qui danse à travers des œufs sans les casser. J'ai composé plus d'une homélie en voyageant avec elle, pour l'édification de mes frères du couvent et de tous les chrétiens qui viennent m'entendre.

— Je vous prie donc, révérend prieur, de donner ordre qu'on me l'amène sur-le-champ, et de faire dire à Gurth de m'apporter mes armes.

— Faites pourtant attention, mon fils, que Malkin

n'est pas plus habituée aux armes que son maître, et je ne vous garantis pas qu'elle veuille endurer la vue et le poids de votre appareil. Je vous réponds que c'est une bête pleine de jugement, et qui ne veut se charger que de ce qu'elle doit légalement porter. Je me rappelle qu'une fois j'avais emprunté au prieur de Saint-Bees le *Fructus temporum*; jamais elle ne voulut passer le seuil de la porte, tant qu'elle sentit sur son dos l'énorme in-folio, et je fus obligé de le remplacer par mon bréviaire.

— Fiez-vous à moi, dit Ivanhoe : mon armure n'est pas assez lourde pour la fatiguer, et si Malkin me provoque au combat, je vous promets que j'en sortirai vainqueur.

Gurth arriva en ce moment, et attacha aux talons de son maître une paire de grands éperons d'or, capables de convaincre le cheval le plus rétif que le meilleur parti était de se soumettre à la volonté de son maître.

Cette vue inspira des craintes au prieur pour sa pauvre Malkin, et il commença à se repentir de sa courtoisie. — Mais à présent que j'y pense, sire chevalier, lui dit-il, il faut que je vous avertisse que ma mule se cabre au premier coup d'éperon. Il vaudrait mieux que vous prissiez la jument de notre pourvoyeur; je puis l'envoyer chercher, et elle serait prête avant une heure. Elle doit être traitable, car elle s'est fatiguée à faire notre provision de bois pour l'hiver, et jamais on ne lui donne un grain d'avoine.

— Grand merci, digne prieur, mais je m'en tiendrai à votre première offre, d'autant plus que j'aperçois déjà Malkin à la porte. Gurth portera mon armure en croupe, ainsi vous voyez que Malkin ne sera pas chargée d'un poids trop lourd, et qu'elle n'aura nulle raison pour vouloir abuser de ma patience ; maintenant recevez mes adieux.

Ivanhoe descendit l'escalier plus promptement et plus légèrement qu'on ne l'aurait supposé dans l'état de faiblesse où il était encore. Il sauta lestement sur la jument, impatient d'échapper au prieur, qui le suivait aussi vite que son âge et son embonpoint le lui permettaient, tantôt chantant les éloges de Malkin, tantôt recommandant au chevalier de la ménager.

— Elle entre dans sa quinzième année : c'est une époque dangereuse pour les jumens comme pour les filles, dit le prieur en riant lui-même de sa plaisanterie.

Ivanhoe, qui songeait à toute autre chose qu'aux graves avis et aux facéties du prieur, et qui ne voulait pas entendre plus long-temps ses observations sur le poids qu'elle pouvait porter, et sur le pas qu'elle devait marcher, donna à Malkin le signal du départ, ordonna à Gurth de le suivre, et prit, à travers la forêt, le chemin qui conduisait à Coningsburgh, marchant sur les traces du chevalier Noir.

Cependant le prieur, à la porte du couvent, le suivait des yeux, et s'écriait : — Sainte Marie ! comme ces chevaliers sont vifs et impétueux ! j'aurais mieux fait de ne pas lui confier Malkin ; car, s'il lui arrivait malheur, que deviendrais-je avec mes douleurs de rhumatisme ? Néanmoins, ajouta-t-il, comme je n'épargnerais pas mes vieux membres, ni le sang qui coule dans mes veines, pour la cause de la vieille Angleterre, Malkin peut bien aussi courir de son côté quelques risques. Qui sait s'ils ne jugeront pas à propos de faire quelque magnifique donation à notre pauvre couvent? Tout au moins ils enverront au vieux prieur un bon cheval habitué au pas. Et, s'ils ne font rien de tout cela, car les grands du monde oublient souvent les services des pauvres gens, je me trouverai suffisamment récompensé en songeant que j'ai fait ce que je devais faire. Mais il est temps de faire sonner la cloche pour appeler les frères au réfectoire. C'est un signal qui leur plaît davantage que celui qui les appelle aux matines.

A ces mots, le digne prieur prit à pas lents le chemin du réfectoire, pour présider à la distribution du stockfish et de l'ale qui devaient composer le dîner des frères. Il se mit à table d'un air imposant, et laissa échapper quelques mots des services essentiels qu'il avait rendus à de grands personnages, et des donations qu'il espérait obtenir pour le couvent. Tout cela aurait excité l'attention générale en toute autre circonstance; mais le stockfish était fort salé, l'ale était bonne, et les mâchoires des frères étaient trop occupées pour qu'ils pussent faire usage de leurs oreilles, de sorte qu'aucun moine du couvent ne fut tenté de méditer sur les discours mystérieux du prieur, à l'exception du frère Diggory, qui, souffrant d'un grand mal de dents, ne pouvait mâcher que d'un côté.

Pendant ce temps, le chevalier Noir et son guide parcouraient la forêt. Tantôt le bon chevalier fredonnait à demi-voix des chansons qu'il avait apprises de quelque troubadour amoureux, tantôt il encourageait par ses questions la disposition naturelle de Wamba à babiller; de sorte que leur conversation était un mélange assez bizarre de chants et de plaisanteries.

Le lecteur doit se représenter ce chevalier, comme

nous l'avons déjà dépeint, de grande taille, vigoureusement constitué, ayant de larges épaules, et monté sur un cheval noir qui semblait avoir été choisi tout exprès de force suffisante pour porter un si robuste cavalier. Il avait levé la visière de son casque, de manière à avoir la respiration libre ; mais la mentonnière en était fermée, de sorte qu'on pouvait à peine distinguer quelques-uns de ses traits. On voyait pourtant des joues pleines et vermeilles, quoique brunies par un soleil ardent, et de grands yeux bleus, pleins de vivacité, d'où semblaient jaillir des éclairs. — Du reste, ses regards et tout son extérieur annonçaient une gaieté insouciante, une confiance qui ne connaît pas la crainte, un esprit aussi peu habitué à prévoir le danger qu'ardent à le braver quand il se présentait, et qu'il attendait sans le craindre, parce que les armes avaient fait l'occupation de toute sa vie.

Wamba portait ses vêtemens ordinaires ; mais les événemens dont il avait été témoin depuis peu l'avaient déterminé à substituer à son sabre de bois une espèce de couteau de chasse bien tranchant et un petit bouclier ; le fou en avait fait bon usage, malgré sa profession, dans la cour de Torquilstone, le jour de la destruction de ce château. Il est vrai que la folie de Wamba ne consistait guère qu'en une espèce d'impatience irritable qui ne lui permettait ni de rester long-temps dans la même posture, ni de suivre constamment le cours d'une même idée, quoiqu'il s'acquittât parfaitement de tout ce qui n'exigeait qu'une attention de quelques instans, et qu'il saisît au mieux tout ce qui fixait un moment son esprit. En cette occasion, il changeait sans cesse de situation sur son cheval ; tantôt il était presque sur son cou ; tantôt il se mettait sur sa croupe ; bientôt il s'asseyait les deux jambes pendantes du même côté, et ensuite il tournait sa figure du côté de la queue du coursier, remuant sans cesse, et tourmentant de toutes les manières la pauvre bête, qui finit par se cabrer, et par le jeter sur le gazon, accident qui n'eut d'autre suite que de faire rire le chevalier, et de donner à Wamba plus de stabilité pendant le reste du voyage.

Au moment où nous revenons à eux, nos deux voyageurs étaient occupés à chanter un virelai ; le chevalier commençait sur un ton, et le bouffon répondait sur un autre.

LE CHEVALIER.

Lève-toi donc, Anna-Marie !
Déjà l'aurore est de retour,
Et des oiseaux la mélodie
A salué le point du jour.
N'entends-tu pas le cor sonore
Qui retentit sur les coteaux.
Lève-toi donc, Marie, avec l'aurore,
Le gai chasseur et les oiseaux.

WAMBA.

Tybalt, Tybalt, quand je sommeille
De doux songes charment mes sens,
Et quels plaisirs quand on s'éveille
Valent ces songes ravissans ?
Laisse l'oiseau chanter l'aurore ;
Le cor n'a point d'attraits pour moi !
Des sons plus doux me font rêver encore,
Mais Tybalt ce n'est pas de toi !

— Délicieuse chanson ! dit Wamba quand ils l'eurent finie ; et belle morale, je le jure par ma marotte. Je me rappelle que je la chantais un jour à mon camarade Gurth qui, par la grace de Dieu et celle de son maître, n'est aujourd'hui ni plus ni moins qu'un homme libre. Il voulait l'apprendre, et je la lui répétai tant de fois un certain matin, que nous étions encore au lit deux heures après le soleil levé, ce qui nous valut une régalade de coups de bâton. Rien qu'en songeant à l'air les os me font encore mal. Cependant, pour vous faire plaisir, brave chevalier, j'ai chanté la partie d'Anna-Marie.

Le bouffon passa ensuite à une autre espèce de chanson comique dans laquelle le chevalier répondait ou accompagnait Wamba.

LA VEUVE DE WICOMBE.

LE CHEVALIER ET WAMBA.

Trois joyeux galans sont venus,
Chantons, mes amis, à la ronde :
Trois joyeux galans sont venus
Courtiser une veuve blonde,
Peuvent-ils craindre son refus ?

Le premier vient du Tynedale (1),
Mes chers amis, chantons en rond.
De ses aïeux la gloire est sans égale,
La veuve dira-t-elle non ?

Son oncle était un squire (2), un laird était son père,
Il les chante en ballade, — Hélas ! mais à quoi bon ?
Retournez dans votre bruyère,
Laird écossais, la veuve vous dit non.

(1) Des frontières d'Angleterre et d'Écosse.

(2) *Squire,* un *petit seigneur* anglais; *laird,* un *petit seigneur* écossais. — Éd.

WAMBA.

Mes amis, chantons à la ronde.
L'autre galant dit avec un juron
Qu'il est bon gentilhomme autant que noble au monde ;
La veuve dira-t-elle non ?
Mes amis, chantons à la ronde.

Il s'appelle David, sir David ap Morgan,
Ap Tudor, Ap Rhice.... Oh, c'est assez, lui dit-elle,
Sire Gallois un nom est suffisant :
Allez chercher une autre belle !

Mais arrive un fermier du beau comté de Kent,
Chantant une ronde joyeuse ;
Il entretient la veuve et de rente et d'argent.
Voilà notre veuve amoureuse !

LE CHEVALIER ET WAMBA.

L'Écossais, Le Gallois, méprisés de la belle
Tous les deux, en chantant s'en vont :
« Pour un fermier de Kent et sa rente annuelle,
Jamais veuve ne dira non. »

— Je voudrais, Wamba, dit le chevalier, que notre hôte du grand chêne, ou le joyeux frère, son chapelain, entendissent cette chanson en l'honneur de notre *yeoman* du comté de Kent !

— Et moi, je ne m'en soucierais guère, dit Wamba, si je ne voyais le cor suspendu à votre baudrier.

— Oui, dit le chevalier, c'est un gage de l'amitié de Locksley, quoiqu'il soit probable que je n'y aurai jamais recours. Trois *mots* sur ce cor, et j'aurais à mes ordres une troupe de braves archers, s'ils les entendaient.

— Je dirais, à Dieu ne plaise que nous les rencontrions ! si ce cor n'était une sorte de garantie qu'ils nous laisseraient passer sans exiger de nous un droit de passe.

— Que veux-tu dire? Penses-tu que sans ce gage de bonne intelligence ils nous attaqueraient.

— Je ne dis rien, reprit Wamba en regardant autour de lui avec un air d'inquiétude : les arbres peuvent avoir des oreilles comme les murailles. Mais répondez-moi vous-même, sire chevalier, et, dites-moi, quand vaut-il mieux avoir sa cruche et sa bourse vides ou pleines?

— Ma foi! jamais, je pense.

— Vous mériteriez de ne voir jamais pleine ni l'une ni l'autre pour avoir fait une pareille réponse. Il vaut mieux vider sa cruche avant de la passer à un ivrogne, et sa bourse avant de voyager dans les bois.

— J'entends : tu veux dire que nos amis sont des voleurs.

— Je prends ces arbres à témoin que je n'ai pas dit un mot de cela, dit Wamba en élevant la voix. On rend quelquefois service à un cheval en le déchargeant d'un poids inutile, et à un homme en lui ôtant ce qui est la source de tous les crimes. Il ne convient donc pas d'injurier ceux qui se chargent de rendre ces bons offices aux passans. Seulement, si je rencontrais ces braves gens, je voudrais avoir laissé ma bourse au logis pour leur épargner l'embarras de s'en charger.

— Malgré la bonne réputation que tu leur donnes, Wamba, nous devons prier pour eux.

— Je prierai pour eux de tout mon cœur au logis; mais je ne voudrais pas le faire au fond d'un bois, comme l'abbé de Saint-Bees, qu'ils ont forcé de chanter un psaume en le plaçant dans un chêne creux, en guise de stalle.

— Quoi que tu puisses dire, Wamba, ces braves gens ont rendu un grand service à ton maître Cedric à Torquilstone.

— J'en conviens : mais c'est par mode de trafic avec le ciel.

— De trafic avec le ciel ! Que veux-tu dire ?

— C'est pourtant bien simple. Ils établissent avec le ciel une balance de compte, comme notre vieux intendant le dit dans ses écritures, et semblable à celle qu'établit le juif Isaac avec ses débiteurs. Comme Isaac, ils donnent peu et prennent beaucoup, et la balance se trouve toujours juste, parce qu'ils font entrer en ligne de compte la promesse du texte sacré de rendre sept fois la somme dont on fait un emploi charitable.

— Donne-moi un exemple de ce que tu veux dire, Wamba ; je n'entends rien à tes comptes ni à tes balances.

— Puisque Votre Valeur a l'entendement si obtus, je vous dirai donc que ces honnêtes gens balancent une bonne action avec une....., avec une qui n'est pas si bonne : par exemple, ils prennent cent besans d'or à un gros abbé, et ils donnent une demi-couronne à un frère mendiant ; ils détroussent une vieille femme sur la grande route, et en caressent une jeune au coin d'un bois.

— Et laquelle de ces actions est la bonne, et celle qui ne l'est pas autant ?

— Bonne plaisanterie ! excellente ! Rien ne donne autant d'esprit que la compagnie de ceux qui en ont. Je réponds que vous n'avez rien dit de si bon, sire chevalier, quand vous chantiez les matines du diable avec le dévot ermite. Mais, pour en revenir à ce que je disais, si nos braves gens de la forêt brûlent un château, ils construisent une chaumière; s'ils pillent une église, ils donnent quelque chose pour la réparation d'une chapelle; s'ils assassinent un shériff, un officier de police, ils délivrent un pauvre prisonnier; enfin, pour en venir à notre point, s'ils brûlent tout vivant un baron normand, ils donnent du secours à un franklin saxon. Tout cela se compense. En un mot, ce sont de braves voleurs, d'honnêtes brigands; mais cependant le bon moment pour les rencontrer, c'est quand leur balance n'est pas de niveau.

— Et pourquoi cela?

— C'est qu'alors ils songent à la rétablir; et, comme elle ne penche jamais du bon côté, il y a moins de danger alors de tomber entre leurs mains. Mais, quand leur compte est en règle, malheur à ceux qui les rencontrent! je puis promettre aux premiers voyageurs qu'ils trouveront, après la bonne action qu'ils ont faite à Torquilstone, qu'ils seront promptement écorchés. Et cependant, ajouta-t-il en se rapprochant du chevalier, on peut encore rencontrer plus mauvaise compagnie dans ces bois.

— Et qui donc? je crois qu'il ne s'y trouve ni loups ni ours?

— Les hommes d'armes de Malvoisin. Apprenez que, dans un temps de trouble, cinq ou six d'entre eux sont pires qu'une bande de loups enragés. Ils ont été recrutés parmi ceux qui ont échappé à la mort à Torquilstone; et, si nous en rencontrions une troupe, ils nous feraient bien payer nos exploits. Or maintenant, sire chevalier, permettez-moi de vous demander ce que vous feriez si nous en rencontrions deux?

— Je les clouerais contre terre avec ma lance, s'ils étaient assez hardis pour nous attaquer.

— Mais s'ils étaient quatre?

— Je les ferais boire à la même coupe.

— Mais s'ils étaient six, tandis que nous ne sommes que deux, n'auriez-vous pas recours au cor de Locksley?

— Quoi! je demanderais du secours contre une pareille *rascaille*, qu'un bon chevalier fait fuir devant lui comme le vent disperse les feuilles desséchées! non vraiment.

— Je voudrais bien, sire chevalier, pouvoir examiner de plus près un cor qui a une telle vertu.

Le chevalier, voulant satisfaire la curiosité de son compagnon de voyage, détacha le cor qui était suspendu à son baudrier, et le lui remit. Wamba le passa sur-le-champ à son cou.

— *Tra li ra la*, dit-il en sifflant à voix basse les notes convenues; je connais ma gamme aussi bien qu'un autre.

— Que veux-tu dire, drôle? Rends-moi ce cor.

— Contentez-vous, sire chevalier, de savoir qu'il est en sûreté. Quand la valeur et la folie voyagent de compagnie, la folie doit se charger du cor, parce que c'est elle qui a le meilleur vent.

— Wamba, dit le chevalier, ceci passe la permission. Prends garde d'abuser de ma patience.

— Point de violence, sire chevalier, répondit Wamba en s'écartant de son compagnon, ou la folie vous montrera qu'elle a une bonne paire de jambes, et laissera la valeur chercher son chemin dans ce bois comme elle le pourra.

— Tu sais trouver le défaut de la cuirasse, dit le chevalier, et d'ailleurs je n'ai pas de temps à perdre ; ainsi donc garde le cor, si tu le veux : mais avançons sans plus tarder.

— Vous me promettez de ne pas me maltraiter ?

— Je te le promets.

— Foi de chevalier? demanda Wamba en s'approchant lentement et avec précaution.

— Foi de chevalier ! mais ne perdons pas plus de temps.

— Ainsi donc voilà la folie et la valeur réconciliées, dit Wamba en se plaçant à côté du chevalier : mais c'est qu'en vérité je n'aimerais pas un coup de poing comme celui que vous donnâtes au brave ermite, quand je le vis rouler sur l'herbe comme une quille. Mais à présent que la folie s'est chargée du cor, si je ne me trompe, il y a là-bas dans le taillis de la compagnie qui nous attend.

— A quoi en juges-tu ?

— C'est que je viens de voir briller à travers les arbres quelque chose qui ressemble à un morion. Si c'étaient d'honnêtes gens, ils suivraient le sentier, et ces broussailles semblent propres à cacher des clercs de Saint-Nicolas.

— Tu as, ma foi, raison, dit le chevalier en baissant la visière de son casque.

Il était temps qu'il prît cette précaution, car, au même instant, trois flèches parties de l'endroit suspect l'atteignirent à la fois. L'une lui frappa le front, et lui aurait percé le cerveau, si la visière de son casque fût restée ouverte ; les deux autres furent parées par le bouclier qui était suspendu à son cou.

— Grand merci, ma bonne armure, dit le chevalier. Allons, Wamba, du courage, en avant sur ces misérables ! Et, poussant son cheval dans le taillis, il y trouva sept hommes d'armes qui s'élancèrent contre lui la lance en arrêt. Trois de ces instrumens meurtriers le touchèrent, et se brisèrent comme s'ils eussent rencontré une tour d'airain. Les yeux du chevalier Noir semblaient lancer le feu par les ouvertures de sa visière. Il se leva sur ses étriers, et s'écria d'un air de dignité : — Que signifie donc ceci, mes maîtres ? Mais les assaillans ne lui répondirent qu'en tirant l'épée, et l'attaquant de toutes parts, et en criant : — Mort au tyran !

— Ah ! saint Édouard ! saint Georges ! s'écria le chevalier Noir en abattant un homme à chaque invocation, nous avons donc des traîtres ici !

Quelque déterminés que fussent ceux qui l'attaquaient, ils se tenaient hors de la portée d'un bras qui semblait ne frapper que pour donner la mort ; et l'on pouvait croire que le chevalier Noir aurait seul mis en fuite tous ses ennemis, quand un chevalier, couvert d'armes bleues, qui s'était jusqu'alors tenu en arrière, s'élança contre lui la lance levée : mais, au lieu d'en frapper son adversaire, il la dirigea contre le coursier que celui-ci montait, et qui tomba mortellement blessé.

— C'est le trait d'un lâche et d'un félon ! s'écria le chevalier Noir entraîné par la chute de son cheval.

Tout cela se passa si rapidement, que Wamba n'eut que le temps de prendre son cor, et il en sonnait, à l'instant où son compagnon tombait, de manière à faire retentir au loin les sons qu'il avait entendu répéter plusieurs fois, et qu'il n'avait pas oubliés. Ce bruit soudain fit encore reculer les meurtriers, qui craignirent que celui qu'ils attaquaient n'eût une suite nombreuse à peu de distance, et Wamba, quoique mal armé, n'hésita pas à accourir au chevalier pour l'aider à se relever.

— Misérables lâches ! s'écria le chevalier Bleu, n'êtes-vous pas honteux de fuir au seul son d'un cor?

Ranimés par ces paroles, il revinrent à la charge, et attaquèrent de nouveau le chevalier Noir, qui n'eut d'autre ressource que de s'adosser contre un chêne, et de se défendre l'épée à la main. Le chevalier félon, ayant saisi une autre lance, prit du champ, et épia le moment où son redoutable antagoniste se trouvait le plus pressé, pour s'élancer contre lui au grand galop, dans l'espoir de le clouer contre son arbre; mais Wamba fit échouer son projet. Suppléant à la force par l'agilité, et étant méprisé par les hommes d'armes, qui s'occupaient d'un objet plus important, il voltigeait à quelque distance du combat, et il arrêta le chevalier Bleu dans sa carrière, en coupant les jarrets de son cheval d'un revers de son couteau de chasse. Le cavalier fut renversé avec le coursier; mais la situation du chevalier Noir n'en était pas moins dangereuse, étant toujours pressé par plusieurs hommes bien armés, auxquels il était impossible qu'il résistât long-temps, épuisé par les efforts continuels qu'il était obligé de faire pour parer les coups qu'on lui portait sans relâche. Il sentait déjà que ses forces le trahiraient bientôt dans cette lutte inégale, quand une flèche lancée par une main invisible perça celui de ses adversaires qui le serrait de plus près ; et presque au même instant une troupe d'archers, à la tête desquels étaient Locksley et l'ermite, sortirent du taillis, et, tombant sur les assassins, en eurent bientôt fait justice et les étendirent tous par terre, morts ou mortellement blessés.

Le chevalier Noir remercia ses libérateurs avec un air de dignité qu'on n'avait pas encore remarqué en lui : car, jusqu'à ce moment on l'aurait plutôt pris pour un soldat de fortune que pour un homme d'un rang élevé.

— Avant de vous exprimer toute ma reconnaissance, mes amis, leur dit-il, il est important pour moi de savoir quels sont les ennemis qui m'ont attaqué ainsi sans aucune provocation. Wamba, lève la visière du casque de ce chevalier Bleu, qui paraît être le chef de ces misérables.

Wamba courut au chef des assassins, qui, froissé par sa chute et embarrassé sous son cheval, ne pouvait ni prendre la fuite ni faire résistance.

— Vaillant et courtois chevalier, lui dit-il, il faut que je sois votre armurier après avoir été votre écuyer. Je vous ai aidé à descendre de cheval, maintenant je vais vous débarrasser de votre casque.

En parlant ainsi, il en dénouait les cordons sans grande cérémonie, et le casque tombant à terre montra au chevalier Noir des traits qu'il ne s'attendait pas à reconnaître en lui.

— Waldemar Fitzurse ! s'écria-t-il d'un air surpris. Et quel motif a pu porter un homme de ton rang et de ta naissance à un tel acte de scélératesse ?

— Richard, répondit le chevalier captif en levant fièrement les yeux sur lui, tu ne connais guère les hommes, si tu ne sais pas à quoi l'ambition et la soif de la vengeance peuvent porter les enfans d'Adam.

— La vengeance! En quoi t'ai-je jamais offensé? quelle vengeance peux-tu avoir à exercer contre moi?

— N'as-tu pas dédaigné la main de ma fille? N'est-ce pas une injure que ne peut pardonner un Normand dont le sang est aussi noble que le tien?

— La main de ta fille! Et telle est la cause de ta haine? voilà pourquoi tu voulais m'arracher la vie! Non, non..... — Mes amis, éloignez-vous un peu; je veux lui parler en particulier..... — Maintenant que nous sommes seuls, Waldemar, dis-moi la vérité; qui t'a porté à ce forfait?

— Le fils de ton père; et, en agissant ainsi, il ne faisait que venger ce père de ta désobéissance envers lui.

Les yeux de Richard étincelèrent de courroux, mais il reprit sur-le-champ son sang-froid. La main appuyée sur son front, il resta un moment les yeux fixés sur Fitzurse, dans les traits de qui on voyait lutter la honte et l'orgueil.

— Tu ne demandes pas merci, Fitzurse? dit Richard.

— Celui qui est sous les griffes du lion sait qu'il ne doit pas en attendre.

— Le lion, dit Richard avec fierté, ne se repaît pas des cadavres qu'il rencontre. Je te donne la vie sans que tu me la demandes, mais à condition que tu quitteras l'Angleterre sous trois jours, que tu iras cacher ton infamie dans ton château de Normandie, et que jamais ta bouche ne parlera du prince Jean comme du complice de ton attentat. Si l'on te trouve en Angleterre après le délai que je t'accorde, tu seras puni de mort; et si jamais tu dis un mot qui puisse compromettre l'honneur de ma maison, le sanctuaire même ne te mettra pas à l'abri de ma vengeance; je te ferai pendre sur la tour de ton château, pour servir de pâture aux corbeaux. Locksley, je vois que vos gens ont pris les chevaux des brigands qu'ils ont vaincus; qu'on en donne un à ce chevalier, et qu'on le laisse partir.

— Si je ne jugeais, dit Locksley, que la voix de celui qui me parle a droit d'exiger l'obéissance, j'enverrais à ce scélérat une flèche qui lui épargnerait la fatigue du voyage.

— Ton cœur est véritablement anglais, Locksley, dit le chevalier Noir. Tu ne te trompes pas en croyant que j'ai droit à ton obéissance. — Je suis Richard, roi d'Angleterre.

A ces mots, prononcés avec un air de majesté convenable au rang et au caractère de Richard Cœur-de-Lion, tous les yeomen s'agenouillèrent devant lui, lui prêtèrent serment de fidélité, et implorèrent le pardon de leurs offenses.

— Relevez-vous, mes amis, leur dit Richard en les regardant d'un air qui prouvait que sa bonne humeur naturelle avait déjà pris le dessus sur le ressentiment que lui avait inspiré la perfidie de Waldemar Fitzurse; relevez-vous, les services que vous avez rendus à mes sujets opprimés, devant les murs de Torquilstone, et celui que vous venez de me rendre à moi-même, font oublier les fautes dont vous avez pu vous rendre coupables; levez-vous, mes amis, soyez toujours des sujets loyaux, et tâchez de mener une vie plus régulière..... Quant à toi, brave Locksley......

— Ne me nommez plus Locksley, mon souverain. Mon maître a droit de connaître mon véritable nom, un nom qui, je le crains, n'a que trop souvent frappé ses oreilles. Je suis Robin Hood, de la forêt de Sherwood.

— Ah, ah! s'écria Richard, le roi des outlaws, le prince des bons compagnons! Et qui n'a pas entendu prononcer ce nom! il est parvenu jusqu'en Palestine. Mais sois assuré, brave Robin Hood, que rien de ce que tu as pu faire pendant mon absence et dans ces temps de troubles ne sera jamais allégué contre toi.

— C'est justice, dit Wamba qui ne voulait pas perdre l'occasion de placer son mot. Le proverbe ne dit-il pas :

> — Lorsque les chats sont partis,
> C'est la fête des souris?

— Quoi, Wamba, es-tu ici? dit Richard : n'entendant plus ta voix, je croyais que tu avais pris la fuite il y a long-temps.

— Pris la fuite! s'écria Wamba : et quand avez-vous jamais vu la folie se séparer de la valeur! Voilà mon trophée d'armes, ce beau cheval gris que je voudrais bien voir sur ses jambes, pourvu que son maître fût en sa place. Il est vrai que d'abord j'ai cédé un peu de terrain, parce que ma jaquette bigarrée n'est pas une armure à l'épreuve de la lance, comme une cotte de mailles; mais si je n'ai pas combattu à la pointe de l'épée, vous conviendrez que j'ai bravement sonné la charge.

— Oui, brave Wamba, répondit le roi, tes services ne seront point oubliés, et ils seront récompensés.

— *Confiteor! confiteor!* s'écria d'un ton de soumission une autre voix près de Richard. — C'est tout le latin que je puis trouver en ce moment. Je confesse mes fautes, et j'en implore l'absolution.

Le roi se retourna, et vit le joyeux ermite à genoux, son rosaire à la main, et ayant près de lui son bâton à deux bouts, qui n'était pas resté oisif pendant le combat. On ne voyait que le blanc des yeux du chapelain, tant il cherchait à les élever vers le ciel, et il faisait les plus grands efforts pour donner à sa physionomie un air de profonde contrition. Mais je ne sais quoi de goguenard et de plaisant dans ses manières laissait entrevoir que sa dévotion et sa crainte n'étaient qu'affectation.

— Ah, ah! c'est toi, saint ermite de Copmanhurst, dit le roi, qu'as-tu donc qui t'inquiète? crains-tu que ton diocésain n'apprenne avec quel zèle tu sers Notre-Dame et saint Dunstan? Ne crains rien: Richard d'Angleterre n'a jamais trahi les secrets confiés autour du flacon.

— Très-gracieux souverain, dit l'ermite, bien connu dans l'histoire de Robin Hood sous le nom de frère Tuck, ce n'est pas la croix que je crains, mais le sceptre. Hélas! faut-il que mon poing sacrilège se soit appesanti sur l'oint du Seigneur!

— Oh, oh! dit Richard, c'est de là que vient le vent? A la vérité, j'avais oublié cette circonstance. Mais je demande à tous les braves gens qui en ont été témoins, si je ne t'ai pas bien payé en même monnaie. Si pourtant tu crois que je te doive encore quelque chose, tu n'as qu'à parler, et je suis prêt à doubler la dose.

— Nullement, nullement, dit le frère; j'ai reçu ce

qui m'était dû, et avec intérêt. Puisse Votre Majesté toujours payer ses dettes aussi complètement !

— Si je pouvais les payer de cette manière, mes créanciers ne s'apercevraient jamais que le trésor est vide.

— Et cependant, dit l'ermite en reprenant un air hypocrite, je ne sais quelle pénitence je dois m'imposer pour ce malheureux coup !

— N'en parle plus, j'en ai tant reçu des païens et des infidèles, que je ne serais pas raisonnable si je conservais de la rancune contre celui qui m'a été donné par un clerc aussi saint que l'ermite de Copmanhurst. Cependant, mon honnête frère, je crois que, pour ton bien et celui de l'Eglise, je devrais te défroquer en te donnant une place dans mes gardes, et en te confiant le soin de ma personne au lieu de celui de la chapelle de Saint-Dunstan.

— Mon digne monarque, je vous demande humblement pardon, et vous me l'accorderiez si vous saviez combien le péché de paresse a d'empire sur moi. Saint Dunstan, que sa bénédiction soit sur vous ! saint Dunstan n'en reste pas moins tranquille dans sa niche quand j'oublie de dire mes oraisons pour aller tuer un daim. Si je passe la nuit hors de ma cellule, occupé je ne sais à quoi, saint Dunstan ne dit mot. C'est le maître le plus doux, le plus indulgent, le plus facile à servir qu'on puisse trouver. Or si j'étais un des gardes de mon souverain, ce qui serait sans doute un grand honneur pour moi, qu'en arriverait-il ? Si j'allais consoler une veuve dans un coin, ou tuer un daim dans un autre : Où est ce moine défroqué ? dirait l'un ; qui a vu ce maudit Tuck ? dirait l'autre. Ce chien de frocard détruit plus de daims que la moitié du comté, dirait un garde; et il pourchasse aussi nos biches, ajouterait un autre. Enfin, mon gracieux souverain, je vous supplie de me laisser tel que vous m'avez trouvé, ou, s'il vous plaît d'étendre votre bienveillance sur moi, considérez-moi comme le pauvre clerc de la chapelle de Saint-Dunstan de Copmanhurst, à qui la moindre marque de votre libéralité sera agréable.

— Je t'entends; et j'accorde au pauvre clerc de Saint-Dunstan le droit de chasse dans mes forêts de Warncliff. Fais bien attention pourtant que je ne te permets de tuer que trois daims chaque saison, et si cette permission ne te suffit pas pour en tuer trente, je ne suis ni chevalier chrétien, ni roi d'Angleterre.

— Votre Majesté peut être assurée qu'avec la grace de saint Dunstan, je tâcherai en toute humilité d'opérer le miracle de la multiplication des daims.

— Je n'en doute pas, frère; mais, comme la venaison est une nourriture qui altère, mon sommelier aura ordre de te fournir tous les ans un tonneau de vin des Canaries, un autre de Malvoisie, et trois tonnes d'ale de première qualité; et si cela ne peut étancher ta soif, tu viendras à ma cour, et tu feras connaissance avec mon sommelier en personne.

— Et pour saint Dunstan? dit l'ermite.

— Je te destine encore une cape, une étole et un tapis pour l'autel. Mais il faut que nos folies finissent par prendre un caractère sérieux. Dieu nous punirait de mêler le badinage à ce qui exige honneur et respect.

— Oh! je vous réponds de mon saint patron, dit l'ermite d'un ton jovial.

— Répondez de vous-même, frère, répliqua le roi

d'un air sévère. Mais, reprenant aussitôt sa sérénité, il lui tendit la main, que l'ermite un peu confus baisa en s'agenouillant. Tu fais moins d'honneur à ma main qu'à mon poing, lui dit le monarque avec un sourire : tu te contentes de t'agenouiller pour baiser l'une, et quand l'autre t'a touché, tu es tombé la face contre terre.

L'ermite, craignant peut-être d'offenser de nouveau le monarque en prolongeant plus long-temps avec lui la conversation sur un ton trop familier, faute que doivent éviter avec grand soin ceux qui approchent des rois, le salua profondément, et se retira à l'écart.

En ce moment deux nouveaux personnages parurent sur la scène.

CHAPITRE XLI.

« Honneur aux puissans de la terre !
» Ils sont plus grands que nous, mais sont-ils plus heureux ?
» Qu'ils viennent dans nos bois, sur la verte fougère,
» Voir nos passe-temps et nos jeux. »

MACDONALD.

Les nouveaux arrivés étaient Wilfrid d'Ivanhoe, monté sur le palefroi du prieur de Botolph, et Gurth, qui figurait avec un air d'importance sur le cheval de bataille de son maître. Ivanhoe fut saisi d'une surprise extrême quand il vit son souverain couvert de sang, au milieu de six ou sept cadavres, et entouré de gens qui lui paraissaient une troupe d'outlaws, cortège assez singulier, sinon dangereux pour un monarque. Il hésita un instant s'il devait s'adresser au roi en cette qualité, ou lui parler encore comme au chevalier Noir; mais Richard vit son embarras.

— Wilfrid, lui dit-il, Richard Plantagenet s'est fait reconnaître. Il est environné de cœurs véritablement anglais, quoique la tête un peu chaude de ces braves gens les ait quelquefois emportés trop loin.

— Sire Wilfrid d'Ivanhoé, dit Robin Hood en s'avançant vers lui, mes assurances ne peuvent rien ajouter à celles de mon souverain; mais permettez-moi de vous dire, non sans quelque fierté, que parmi tous ses sujets il n'en a pas de plus fidèles que mes compagnons et moi.

— Je le crois, brave archer, dit Wilfrid, puisque tu es du nombre. Mais que signifient cette scène de carnage, ces morts, et le sang dont les armes du roi sont couvertes!

— Il y a eu de la trahison, Wilfrid, dit le roi, et, grace à ces braves gens, les traîtres ont trouvé la récompense qui leur était due.... Mais quand j'y pense, ajouta-t-il en souriant, vous êtes vous-même un traître, car vous m'avez désobéi. Ne vous avais-je pas positivement ordonné de vous reposer à Saint-Botolph au moins jusqu'à demain, jusqu'à ce que vos blessures fussent parfaitement guéries?

— Elles le sont, dit Ivanhoe, elles ne sont pas maintenant plus dangereuses qu'une piqûre d'épingle. Mais pourquoi, noble prince, pourquoi donner de telles alarmes à vos fidèles sujets? pourquoi exposer votre vie en courant seul les aventures, comme si elle n'était pas plus précieuse que celle d'un chevalier errant, qui n'a que la lance et l'épée pour son gagne-pain.

— Richard Plantagenet, répondit le roi, n'aspire à d'autre renommée qu'à celle que peuvent procurer la lance et l'épée. Richard Plantagenet est plus glorieux de mettre à fin une aventure sans autre aide que sa lance et son bras, que de commander cent mille hommes en bataille.

— Mais votre royaume, sire, votre royaume menacé de guerre civile ; votre couronne en danger, vos sujets ayant à craindre mille malheurs, s'ils venaient à perdre leur souverain dans quelqu'un des périls auxquels vous vous faites un plaisir de vous exposer tous les jours, et à l'un desquels vous venez d'échapper si miraculeusement.

— Oh, oh ! mon royaume et mes sujets ! dit le roi d'un ton d'impatience. Mais je vous répondrai, sire Wilfrid, que les meilleurs d'entre eux me paient de mes folies en même monnaie. Par exemple, un de mes plus fidèles serviteurs, Wilfrid d'Ivanhoe, se permet de contrevenir à mes ordres, et vient faire un sermon à son roi parce qu'il ne suit pas exactement ses avis. Lequel de nous a droit de faire des reproches à l'autre ? Cependant, écoutez-moi, mon cher Wilfrid : le temps que j'ai passé et que je dois encore passer incognito était nécessaire pour donner à mes amis, aux nobles qui me sont restés fidèles, le temps d'assembler leurs forces, afin que lorsque le retour de Richard sera publiquement annoncé, il se trouve à la tête d'une armée suffisante pour en imposer aux factieux, et étouffer la rébellion sans même avoir besoin de tirer l'épée hors du fourreau. D'Estouteville et Bohun ne seront en état de marcher sur York que dans vingt-quatre heures; Salisbury arrive du sud ; Multon et Percy arment dans le nord, et j'ai reçu de Warwick des nouvelles de Beauchamp. Le chancelier doit s'assurer de Londres. Si je m'étais montré trop tôt, c'eût été alors que je me serais exposé à des dangers dont n'auraient peut-être pu me tirer ma lance et mon épée, quoique secondées par l'arc du brave Robin Hood, le bâton de frère Tuck, et le cor du sage Wamba.

Wilfrid s'inclina d'un air respectueux, sachant parfaitement qu'il était inutile de contredire l'esprit chevaleresque qui portait souvent son maître à s'exposer à des périls qu'il lui aurait été facile d'éviter, ou plutôt qu'il était impardonnable de chercher. Il se contenta de soupirer, et garda le silence, tandis que Richard, satisfait d'avoir fermé la bouche à son jeune conseiller, quoique au fond de son cœur il reconnût la sagesse de ses avis, adressa de nouveau la parole à Robin Hood.

— Roi des outlaws, lui dit-il, n'auriez-vous pas quelques rafraîchissemens à offrir à un de vos confrères en royauté ? L'exercice que ces coquins m'ont fait prendre m'a donné bon appétit.

— Je dois dire la vérité à Votre Majesté, répondit Robin Hood avec quelque embarras, nos provisions ne consistent guère qu'en.....

— En venaison (1) ? dit le roi. Tant mieux, c'est précisément ce qui me convient en ce moment. D'ailleurs, quand un souverain est en appétit, il n'a pas le temps de tuer son gibier, et il ne doit pas trouver trop mauvais que d'autres aient pris ce soin pour lui.

— Si donc Votre Majesté daigne honorer de sa présence un des lieux de rendez-vous de Robin Hood, la venaison ne manquera pas, et je pourrai y joindre de bonne ale et du vin assez passable.

(1) Richard, vrai descendant de Guillaume, était sévère contre les braconniers ; ce qui explique l'embarras de Robin Hood.— Éd.

Il marcha le premier pour montrer le chemin, et l'intrépide Richard le suivit, plus heureux peut-être dans cette rencontre fortuite avec Robin Hood et ses gens, qu'il ne l'aurait été entouré de ses nobles et de ses pairs, au milieu de sa cour. Tout ce qui était nouveau, tout ce qui sentait l'aventure était un bonheur pour Richard, et un danger qu'il avait bravé et surmonté ne faisait qu'en augmenter le prix à ses yeux. Dans le roi à cœur de lion on trouvait en grande partie le caractère brillant, mais sans utilité réelle, d'un chevalier de roman; et la gloire personnelle dont il se couvrait par ses faits d'armes était plus précieuse à son imagination exaltée que celle que la politique et la prudence auraient pu répandre sur son gouvernement. Il en résulta que son règne fut comme le cours d'un météore brillant et rapide, dont la splendeur jette une lumière éblouissante, mais inutile, et à laquelle au bout d'un instant succèdent de profondes ténèbres. Ses exploits chevaleresques furent le sujet des chants des ménestrels et des troubadours, mais son règne ne procura à son pays aucun de ces avantages solides sur lesquels l'histoire se plaît à appuyer, et qu'elle cite pour exemple à la postérité.

Dans la société où il se trouvait en ce moment, Richard se montra avec tous les avantages possibles, car il était aimable, de joyeuse humeur, et passionné pour la bravoure, n'importe dans quels rangs elle se montrait. Le repas champêtre fut servi à la hâte sous un grand chêne, où le roi d'Angleterre s'assit entouré d'hommes que le gouvernement de son royaume avait proscrits en son absence, et qui lui servaient alors de gardes et de courtisans. Ils se tenaient debout par respect, d'après l'ordre de leur chef; mais Richard voulut qu'ils fussent assis comme lui sur le gazon, et le flacon circulant rapidement, ils oublièrent bientôt la gêne et la contrainte que leur avait d'abord imposées la présence de leur souverain. On rit, on chanta, on raconta des entreprises hardies ; et en se vantant des succès qu'on avait obtenus en violant les lois du pays, personne ne fit attention qu'on parlait en présence de celui qui était naturellement chargé de les faire respecter. Le roi lui-même, ne songeant pas plus à sa dignité que le reste de la compagnie, riait, buvait et plaisantait comme ses hôtes, et l'on aurait pu le prendre pour l'un d'entre eux.

Le bon sens naturel de Robin Hood lui fit désirer que cette scène se terminât avant que la gaieté, la bière et le vin échauffassent davantage les têtes de ses gens. Il voyait d'ailleurs le front d'Ivanhoe couvert d'un nuage d'inquiétude, et il s'apercevait qu'il craignait comme lui que quelque chose ne vînt troubler l'harmonie qui régnait. Il le prit à part et lui dit : — La présence de notre vaillant souverain est un grand honneur pour nous, mais je voudrais qu'il ne perdît pas un temps que les circonstances peuvent rendre précieux.

— C'est parler avec sagesse et franchise, brave Robin Hood, répondit Wilfrid. Vous devez savoir d'ailleurs que plaisanter avec un roi, même dans ses momens d'abandon, c'est jouer avec un jeune lion, qui, à la moindre provocation, montre qu'il a des dents et des griffes.

—Vous avez touché du doigt l'objet de mes craintes. Mes gens sont grossiers par nature et par habitude ! le roi est vif et impétueux; on peut l'offenser sans intention, comme il peut s'irriter sans motif. Il est temps que ce repas finisse.

—Trouvez donc quelque moyen pour y mettre fin, car, pour moi, j'ai déjà lâché quelques mots à ce sujet; mais ils ne paraissent avoir servi qu'à le décider à prolonger son séjour ici.

— Dois-je m'aventurer à ce point? dit Robin Hood en réfléchissant un instant. Oui, de par saint Christophe, il le faut! Je ne serais pas digne de ses bontés si je ne risquais de les perdre pour lui rendre service. Scathlock, écoute-moi, prends ton cor, va te cacher dans ce taillis, et sonne un air normand, ne perds pas un instant.

Scathlock obéit à son capitaine, et au bout de quelques minutes le son du cor fit tressaillir les convives.

—C'est le cor de Malvoisin, dit Meunier en se levant précipitamment et en saisissant son arc. L'ermite laissa tomber le flacon qu'il tenait en ce moment, et s'arma de son bâton. Wamba s'arrêta au milieu d'une plaisanterie pour prendre son couteau de chasse et son bouclier; en un mot, chacun ne songea plus qu'à se munir de ses armes.

Les hommes qui mènent une vie précaire passent aisément d'un festin à une bataille. Ce changement n'était même pour Richard qu'un nouveau plaisir. Il demanda son casque et les parties les plus lourdes de son armure, qu'il avait quittées, et tandis que Gurth l'aidait à s'armer, il défendit à Ivanhoe, sous peine de perdre à jamais ses bonnes graces, de prendre aucune part au combat qu'il regardait comme devant avoir lieu dans quelques instans.

—Tu as combattu cent fois pour moi, Wilfrid, lui dit-il, tandis que je n'étais que spectateur; aujourd'hui, regarde à ton tour, et vois comment Richard combattra pour son ami et pour ses sujets.

Cependant Robin Hood avait envoyé quelques-uns de ses gens dans différentes directions, comme pour reconnaître l'ennemi ; et lorsqu'il vit qu'on avait fait disparaître tous les restes du festin, il s'approcha du roi, qui était alors complètement armé, et fléchissant un genou devant lui, il le supplia de lui accorder son pardon.

— Tu l'as déjà reçu, lui dit le roi d'un ton d'impatience : ne t'ai-je pas dit que tous tes méfaits étaient oubliés ? Crois-tu que ma parole soit une balle que nous puissions-nous rejeter de l'un à l'autre. Il me semble que tu n'as pas encore eu le temps de commettre une nouvelle offense ?

— J'ai commis celle de tromper mon roi pour son propre bien, répondit Robin Hood. Le cor que vous venez d'entendre n'était pas celui de Malvoisin. Un de mes gens en a sonné par mes ordres pour mettre fin au banquet, de peur qu'il n'usurpât trop long-temps sur des heures si précieuses pour Votre Majesté et pour ses états.

A ces mots, il se leva, et, croisant les bras sur sa poitrine, il attendit la réponse du roi d'un air plus respectueux que craintif, en homme qui sait qu'il peut avoir offensé, mais qui se confie dans la pureté de ses intentions.

La colère fit monter le sang au visage de Richard, mais ce ne fut qu'un mouvement passager, et son équité naturelle en triompha bientôt.

— Le roi de Sherwood, dit-il, craint que le roi d'Angleterre ne fasse une trop grande brèche à sa venaison et à son vin. Fort bien, audacieux Robin Hood. Quand tu viendras me voir à Londres, je te prouverai que je reçois mes convives plus généreusement. Au surplus, tu as bien fait, mon brave archer. Allons, Wilfrid, à cheval! Vous étiez impatient d'en voir arriver le moment. Robin Hood, as-tu dans ta troupe un ami qui, ne se bornant pas à te donner des conseils, prétend diriger tous tes mouvemens, et paraît mécontent quand tu marches à ta volonté et non à la sienne?

—Oui, sire : tel est mon lieutenant Petit-Jean, qui est absent en ce moment pour une expédition sur les frontières d'Écosse; et j'avouerai à Votre Majesté que la liberté de ses avis m'a quelquefois déplu; mais je n'ai jamais conservé une heure mon ressentiment contre lui, parce que je sais qu'il n'a en vue que le bien de son chef et l'utilité générale.

— C'est fort bien fait, et je fais de même assez souvent. Cependant si j'avais d'un côté Ivanhoe pour me donner de graves avis, et toi de l'autre pour m'obliger à les suivre par quelque ruse, je serais le monarque le moins libre qu'on pût trouver parmi les chrétiens et les païens. Mais partons, rendons-nous gaiement à Coningsburgh, et n'y songeons plus.

Robin Hood lui dit qu'il avait déjà fait partir un détachement pour éclairer la route par laquelle il devait passer.—L'homme qui le commande, ajouta-t-il, découvrira les embuscades qu'on pourrait encore vous avoir dressées, et vous en donnera avis à temps. En ce cas, quelques pas en arrière vous réuniraient à nous; car je vais vous suivre avec le reste de mes gens jusqu'à quelques traits de flèche de Coningsburgh.

Ces précautions prises pour sa sûreté avec autant d'attention que de prudence touchèrent vivement Richard, et achevèrent de dissiper jusqu'à l'ombre du ressentiment qu'avait fait naître en lui la ruse employée par

Robin Hood pour mettre fin au repas. Il lui tendit la main une seconde fois, l'assura de nouveau de son pardon et de ses bonnes graces, et ajouta que sa ferme résolution était de modérer la rigueur des réglemens sur la chasse dans les forêts, et des autres lois tyranniques qui avaient réduit tant de braves gens au désespoir, et en avaient fait des rebelles. Mais la mort prématurée de Richard ne lui permit pas de réaliser ses bonnes intentions, et Jean, ayant succédé à son frère, augmenta encore la rigueur du code forestier, forcé à agir ainsi par les grands de son royaume. Quant au reste de l'histoire de Robin Hood, et à la trahison qui fut cause de sa mort, c'est ce qu'on trouvera dans ces petits livrets couverts en papier bleu, qu'on vendait autrefois un demi-sou, et qu'on croit aujourd'hui acheter à bon marché quand on ne les paie que leur poids en or.

Le roi partit avec Ivanhoe; Gurth et Wamba les suivirent, et ils arrivèrent sans accident en vue du château de Coningsburgh, un peu avant le coucher du soleil.

Il existe en Angleterre peu de paysages aussi beaux, aussi pittoresques que celui que présentent les environs de cette ancienne forteresse saxonne. Le Don roule ses eaux tranquilles et limpides au pied d'une vaste colline couverte de riches bois, de terres bien cultivées et de gras pâturages. Sur une montagne située sur le bord de cette rivière, et défendue par des murailles et des fossés, s'élève cet antique édifice, qui, comme son nom l'indique, était, avant la conquête, une possession des rois d'Angleterre. Les murs extérieurs ont probablement été construits par les Normands; mais l'intérieur porte encore aujourd'hui les marques d'une antiquité très-reculée. Il est placé à mi-côte, et la tour principale, située à l'un des angles d'une grande cour, forme un cercle d'environ vingt-cinq pieds de diamètre. Les murs en sont d'une épaisseur prodigieuse, et sont défendus par six énormes arcs-boutans extérieurs, qui semblent avoir été construits pour les soutenir et en augmenter la force. Ces arcs-boutans sont creux vers le haut, et se terminent par une tourelle qui communique avec l'intérieur. Cet édifice, vu à quelque distance, est aussi intéressant pour l'amateur du pittoresque que son intérieur l'est pour l'antiquaire, qui, en l'examinant, remonte jusqu'au temps de l'heptarchie. On montre dans le voisinage du château une élévation considérable qui paraît l'ouvrage des hommes, et qui passa pour être le tombeau du célèbre Hengist. On voit aussi dans le cimetière de la paroisse voisine des monumens curieux et d'une grande antiquité.

Lorsque Richard Cœur-de-Lion et sa suite arrivèrent à ce bâtiment, d'une architecture sans art, mais imposante par sa masse, il n'était pas entouré des fortifications extérieures qu'on y trouve aujourd'hui. L'architecte saxon ne s'était occupé que de multiplier les moyens de défense à l'intérieur, et il n'y avait d'autre ouvrage avancé qu'une grossière palissade.

Une grande bannière noire, flottant au haut de la tour, annonçait qu'on n'avait pas encore célébré les obsèques du feu maître de ce manoir. Elle ne portait aucun emblème indiquant la naissance et la qualité du défunt, car les armoiries étaient encore une chose toute nouvelle parmi la chevalerie normande, et étaient totalement inconnues aux Saxons; mais une autre bannière suspendue à la porte, et sur laquelle un cheval blanc, symbole bien connu d'Hengist et de ses guerriers, était aussi grossièrement dessiné que mal peint, annonçait la noblesse du défunt.

Tous les alentours du château offraient une scène de confusion : car, à cette époque, les funérailles étaient un temps d'hospitalité générale et sans réserve. Non-seulement tous ceux qui pouvaient avoir eu la moindre relation avec le défunt y étaient admis, mais même les passans étaient invités à y assister. La richesse et le rang d'Athelstane faisaient qu'on s'était conformé à cet usage dans toute son étendue.

On voyait donc des bandes nombreuses monter et descendre la hauteur sur laquelle le château était situé ; et lorsque le roi et sa suite furent entrés dans l'espace situé entre le château et les palissades, dont les portes étaient ouvertes et sans gardes, la scène qu'offrait cette espèce de cour extérieure ne semblait guère pouvoir se concilier avec la cause de ce rassemblement. D'un côté, des cuisiniers faisaient rôtir en plein air des moutons, des veaux et des bœufs tout entiers ; d'un autre, on défonçait des tonneaux d'ale, qui étaient à la disposition de qui voulait y venir puiser ; des groupes de gens de toute espèce dévoraient les viandes et avalaient la boisson mise ainsi à leur disposition. Le serf saxon à demi-nu cherchait, en s'enivrant de bière, et en se gorgeant de nourriture, à oublier la soif et la faim qu'il souffrait pendant une bonne moitié de l'année. Le bourgeois, plus délicat, choisissait le morceau qu'il croyait le plus friand, et louait ou critiquait la liqueur dont il l'arrosait. On voyait même quelques pauvres nobles normands, qu'on reconnaissait à leurs mentons rasés, à leurs habits courts, au soin qu'ils avaient de se tenir ensemble, et aux regards méprisans qu'ils jetaient sur les Saxons tout en profitant comme eux de l'hospitalité généreuse avec laquelle on les recevait.

Il est inutile de dire qu'on y trouvait des mendians par centaines. On y voyait aussi des soldats revenus de la Palestine, au moins à ce qu'ils prétendaient ; des pèlerins et des prêtres errans, qui récitaient des prières ; des ouvriers voyageant pour trouver de l'occupation, des colporteurs étalant leurs marchandises, des ménestrels saxons et gallois, et des bardes tirant des sons lugubres de leurs harpes, de leurs violons (1) et de leurs rotes. L'un d'eux célébra les louanges d'Athelstane, dans un panégyrique larmoyant; un autre récapitula dans un poëme généalogique saxon tous les noms durs et peu harmonieux de ses ancêtres. On ne manquait ni de jongleurs ni de bouffons, et le triste motif de l'assemblée ne paraissait pas rendre l'exercice de leur talent inconvenant et hors de saison. Les idées des Saxons à ce sujet étaient celles de l'état de nature et des peuples encore à demi sauvages. — Si le chagrin a soif, disaient-ils, il lui faut à boire; s'il a faim, il lui faut à manger; s'il attriste le cœur, il faut lui fournir des moyens d'amusement, ou du moins de distraction. — Et les assistans ne dédaignaient pas de profiter de ces sources de consolation. Cependant, de temps en temps, comme si on se fût rappelé tout à coup la cause funeste de cette réunion, les hommes poussaient de profonds gémissemens, tandis que les femmes, dont le nombre était assez considérable, remplissaient l'air de cris perçans.

(1) Il y a dans le texte *crowd*, espèce de violon. Ce que l'auteur dit lui-même dans une note, où il prend aussi la peine de nous dire que la *rote* était une espèce de guitare, dont les cordes obéissaient à une roue, etc. — Éd.

Tel était le spectacle que présentait la cour extérieure du château de Coningsburgh lorsque Richard et sa suite y entrèrent. Le sénéchal s'y promenait gravement, et ne daignait faire attention aux groupes de condition inférieure, qui se succédaient perpétuellement, que pour maintenir une apparence d'ordre ; mais il fut frappé de la bonne mine du monarque et d'Ivanhoe. D'ailleurs, l'arrivée de deux chevaliers aux funérailles d'un Saxon n'était pas ordinaire, et il regarda cette circonstance comme un honneur pour le défunt et pour sa famille. Cet important personnage, couvert de vêtemens noirs, et tenant en main une baguette blanche, marque de sa dignité, s'avança donc vers eux, non sans avoir quelque peine à fendre la foule, et les conduisit à la porte de la tour principale. Gurth et Wamba trouvèrent quelques connaissances dans la cour, et ne se permirent pas d'entrer plus avant, jusqu'à ce que leur présence fût requise.

CHAPITRE XLII.

« Ils suivaient à pas lents le corps de Marcello,
» Chantant dévotement des psaumes, des prières,
» Soupirant, et versant des larmes bien amères. »
Ancienne comédie.

La manière d'entrer dans la grande tour du château de Coningsburgh est toute particulière, et se ressent de la simplicité grossière du temps où cet édifice fut construit. Des marches aussi raides qu'étroites conduisent à une petite porte située du côté du midi, par où l'antiquaire curieux peut, ou du moins pouvait encore il y a quelques années, gagner un escalier pratiqué dans l'épaisseur du gros mur de la tour, et qui conduisait au troisième étage : car les deux premiers n'étaient que des donjons ou cachots, et ne recevaient ni air ni lumière, si ce n'est par une ouverture carrée, percée au troisième étage, d'où il paraît qu'on descendait par le moyen d'une échelle. On montait au quatrième et dernier étage par des escaliers pratiqués dans les arcs-boutans extérieurs.

Le bon roi Richard et son fidèle Ivanhoe furent introduits dans la grande salle en rotonde qui compose la totalité du troisième étage. Le dernier se couvrait avec soin la figure de son manteau, afin de ne se faire connaître de son père que lorsque le roi lui en donnerait le signal.

Ils trouvèrent dans cet appartement, assis autour d'une grande table en bois de chêne, environ douze représentans des familles saxonnes les plus distinguées, tous vieillards ou du moins hommes mûrs ; car la plupart des jeunes gens, au grand déplaisir de leurs pères, avaient, comme Ivanhoe, rompu les barrières qui séparaient depuis un demi-siècle les Saxons vaincus des Normands vainqueurs. L'air grave et composé de ces vénérables personnages, leurs yeux baissés, leurs regards pleins de tristesse, formaient un contraste frappant avec l'orgie qu'on célébrait dans la cour extérieure. Leurs cheveux blancs, leurs longues barbes, leurs tuniques antiques et leurs grands manteaux noirs étaient parfaitement assortis au lieu dans lequel ils se trouvaient, et leur donnaient l'air d'une troupe d'anciens adorateurs de Woden, rappelés à la vie pour pleurer la décadence de leur gloire nationale.

Cedric, quoique sur le même rang que ses concitoyens, semblait remplir, d'un consentement commun, les fonctions de chef de cette assemblée. En voyant entrer Richard, qu'il ne connaissait que sous le nom de chevalier Noir ou du Cadenas, il se leva gravement, et le salua suivant l'usage des Saxons, en prononçant les mots *Waes hael* (votre santé), et en levant à la hauteur de sa tête un gobelet rempli de vin. Le roi, qui n'était point étranger aux coutumes de ses sujets anglais, prit une coupe que lui présenta l'échanson, et rendit à Cedric son salut, en lui disant: *Drinç hael* (je bois à la vôtre). Le même cérémonial fut observé à l'égard d'Ivanhoe, qui ne répondit que par une inclination de tête, de peur que son père ne reconnût sa voix.

Après cette formalité préliminaire, Cedric se leva de table, et, présentant la main à Richard, il le conduisit dans une espèce de petite chapelle pratiquée grossièrement dans un des arcs-boutans. Comme il ne s'y trouvait d'autre ouverture qu'une barbacane fort étroite, on y aurait été plongé dans de véritables ténèbres, si deux grosses torches n'y eussent répandu une lueur rougeâtre au milieu d'un nuage de fumée. A l'aide de cette lumière on apercevait un toit formé en voûte, des murs complètement nus, un autel grossièrement construit en pierre, et un crucifix de même matière.

Devant cet autel était une bière, à chaque côté de laquelle trois prêtres à genoux, un rosaire à la main, chantaient à demi-voix des hymnes et des psaumes, avec tous les signes extérieurs de la plus grande dévotion. C'étaient des moines du couvent de Saint-Edmond, situé dans le voisinage; et la mère du défunt avait fait une donation plus que libérale à cette communauté pour obtenir les prières de ses membres pour le repos de l'ame de son fils. Aussi tout le couvent, pour reconnaître sa générosité, s'était transporté en masse au château de Coningsburgh, à l'exception du frère sacristain, qui était boiteux. Les frères se relevaient d'heure en heure dans ce pieux service, et pendant que six d'entre eux priaient près du corps du défunt, les autres ne manquaient pas de prendre leur part du repas préparé dans la cour, comme aussi leur part des divertissemens. Les bons moines qui montaient cette pieuse garde avaient surtout grand soin de ne pas interrompre leurs chants un seul instant, de peur que Zernebock, l'ancien démon des Saxons, ne saisît ce moment pour faire sa proie du pauvre Athelstane. Ils n'étaient pas moins attentifs à empêcher qu'aucun laïque ne touchât au poêle qui couvrait la bière : c'était celui qui avait servi aux funérailles de saint Edmond, et il aurait été profané par un pareil attouchement. Si tous ces soins pouvaient être de quelque utilité au défunt, il avait bien droit de les attendre des moines de Saint-Edmond, car indépendamment de cent marcs d'or que sa mère leur avait payés comptant pour la rançon de l'ame de son fils, elle avait annoncé, dès qu'elle avait appris sa mort, son intention de laisser, après son décès, tous ses biens à ce couvent pour assurer à perpétuité des prières pour son mari, pour son fils, et pour elle-même.

Richard et Ivanhoe suivirent Cedric le Saxon dans cette chapelle funéraire, et, imitant leur guide, qui leur montra d'un air solennel la bière d'Athelstane, ils s'agenouillèrent, firent le signe de la croix, et prononcèrent une courte prière pour le repos de l'ame du défunt.

Après cet acte de piété et de charité, Cedric leur fit signe de le suivre, et, montant quelques marches, ouvrit sans bruit et avec précaution la porte d'un petit oratoire donnant dans la chapelle. C'était un petit appartement de huit pieds carrés, éclairé par deux barbacanes qui, recevant alors les derniers rayons du soleil couchant, leur firent voir une femme dont la figure pleine de dignité offrait encore des traces de la beauté majestueuse qui l'avait distinguée quelque trente ans auparavant. Sa longue robe de deuil et son voile flottant de crêpe noir relevaient la blancheur de sa peau et la beauté de ses cheveux, dont le temps avait respecté la couleur d'or. Sa physionomie annonçait un profond chagrin, mais uni à la résignation aux volontés du ciel. Devant elle était une table de pierre sur laquelle on voyait un crucifix en ivoire et un missel dont les marges étaient richement enluminées, et qui se fermait avec des agrafes d'argent.

— Noble Edith, dit Cedric après un instant de silence, comme s'il eût voulu donner à Richard et à Ivanhoe le temps de considérer la maîtresse du château, voici de dignes étrangers qui viennent honorer de leur présence les obsèques de votre malheureux fils, et prendre part à nos chagrins. Celui-ci, ajouta-t-il en lui montrant le roi, est le brave chevalier dont je vous ai parlé, et qui a combattu si vaillamment pour la délivrance de celui que nous pleurons.

— Je le prie de recevoir tous mes remerciemens, répondit Edith, quoiqu'il ait plu à Dieu que sa bravoure ne pût être utile à ma maison. Je le remercie aussi, de même que son compagnon, de la courtoisie qui les a amenés ici pour voir la veuve d'Adeling, la mère d'Athelstane, dans un moment de deuil et de profonde affliction. En les confiant à vos soins, mon digne parent, je suis persuadée que tous les devoirs de l'hospitalité seront remplis à leur égard.

Les deux chevaliers saluèrent la mère affligée, et se retirèrent avec leur guide.

Cedric les fit monter, par un escalier tournant, dans un autre appartement situé au-dessus de la chapelle, et de même grandeur. Avant que la porte en fût ouverte, ils entendirent un chant lent et mélancolique. C'était une hymne que lady Rowena et trois autres jeunes filles de noble lignage saxon chantaient en l'honneur du défunt et pour le repos de son ame. On n'en a conservé que les strophes suivantes :

> L'homme est fils de la Terre,
> Tout mortel à son tour
> Redeviendra poussière ;
> Et les vers de la bière
> Réclament chaque jour
> L'homme, fils de la Terre.
>
> Mais où se rend son ame ?
> Par des chemins secrets
> Au séjour des regrets.
> C'est là que dans la flamme
> S'effacent à jamais
> Les souillures de l'ame.
>
> De la Vierge Marie
> Invoquons la faveur !
> Par sa grace infinie,
> De ce lieu de douleur
> Une prière amie
> Délivre le pécheur.

Ils attendirent la fin de cette hymne funèbre pour entrer dans l'appartement, et Cedric en ayant ouvert la porte, ils se trouvèrent en présence d'une vingtaine de jeunes Saxonnes, toutes de familles distinguées, dont les unes travaillaient à broder, aussi bien que le permettaient leur goût et leur talent, un grand poêle de soie destiné à couvrir la bière d'Athelstane, et les autres, choisissant des fleurs dans des paniers placés devant elles, en formaient des guirlandes de deuil pour elles et pour leurs compagnes. Si l'extérieur de toutes ces jeunes filles n'annonçait pas une bien vive affliction, elles se conduisaient au moins d'après les règles du décorum. Cependant un sourire indiscret, un mot lâché un peu trop haut attirait de temps en temps à quelqu'une d'entre elles une réprimande de la part de quelques matrones plus graves qui présidaient à cette réunion; et l'on pouvait en remarquer plusieurs qui semblaient mettre plus d'attention à examiner si leurs guirlandes de deuil leur siéraient bien, qu'à réfléchir sur la triste cérémonie qui les rassemblait. S'il faut même avouer la vérité tout entière, nous conviendrons que l'arrivée des deux chevaliers étrangers causa bien des distractions à ces belles Saxonnes, donna lieu à plus d'un chuchotement, et fit jeter sur eux plus d'un regard à la dérobée. Lady Rowena seule, trop fière pour être vaine, salua les étrangers d'un air grave, mais gracieux. Sa physionomie portait l'empreinte d'une dignité sérieuse plutôt que d'un abattement mélancolique; et si elle éprouvait quelque affliction, peut-être l'incertitude où elle était sur le destin d'Ivanhoe y avait-elle autant de part que le décès d'Athelstane.

Cedric, qui, comme le lecteur a pu s'en apercevoir, n'était pas toujours très-clairvoyant, crut lire sur la figure de sa pupille un chagrin plus profond que sur celles de ses jeunes compagnes, et il jugea convenable d'en expliquer la cause aux deux étrangers, en leur disant que lady Rowena devait épouser le noble Athelstane. On peut douter que cette confidence augmentait beaucoup les dispositions de Wilfrid à prendre part à l'affliction générale.

IVANHOE.

Après avoir ainsi conduit ses deux hôtes dans les différens appartemens où l'on s'occupait des funérailles du défunt, Cedric les fit entrer dans une salle destinée, à ce qu'il leur dit, aux personnes de distinction qui assisteraient aux obsèques, et qui, n'ayant eu que de légères liaisons avec le noble Athelstane, ne pouvaient naturellement se livrer au profond chagrin qu'inspirait sa perte à ceux qui lui étaient attachés par les liens du sang ou de l'amitié. Il les assura qu'on aurait soin de pourvoir à tous leurs besoins, et il était sur le point de se retirer quand le roi l'arrêta.

— Noble Cedric, lui dit-il en lui prenant la main, je désire vous rappeler que lorsque nous nous séparâmes, il n'y a pas long-temps, vous me promîtes de m'octroyer un don en reconnaissance du service que je vous avais rendu. Je viens le réclamer.

— Il est octroyé d'avance, noble chevalier, répondit Cedric. Cependant, dans un si triste moment.....

— J'y ai pensé aussi ; mais le temps est précieux. Le moment, d'ailleurs, n'est peut-être pas si mal choisi. En fermant la tombe du noble Athelstane, nous devrions y déposer aussi certains préjugés, certaines opinions qui.....

— Sire chevalier au cadenas, dit Cedric en l'interrompant, je me flatte que le don que vous avez à me demander n'a que vous pour objet. Quant à ce qui regarde mes opinions, ce que vous nommez mes préjugés, il me paraîtrait fort étrange qu'un inconnu s'en occupât.

— Aussi ne veux-je m'en occuper qu'autant que vous conviendrez que j'ai intérêt à le faire. Jusqu'à présent vous ne m'avez connu que sous le nom du chevalier

Noir, du chevalier au Cadenas, sachez maintenant que celui qui est devant vous est Richard Plantagenet.

— Richard d'Anjou ! s'écria Cedric en reculant de surprise.

— Non, noble Cedric : Richard d'Angleterre, Richard dont le plus cher intérêt, le plus ardent désir, est de voir tous ses enfans unis ensemble sans distinction de race. Eh bien ! digne thane, ton genou ne pliera-t-il pas devant ton roi ?

— Jamais il n'a fléchi devant le sang normand, répondit Cedric.

— Eh bien, réserve ton hommage jusqu'à ce que j'aie prouvé que j'en suis digne, en protégeant également Saxons et Normands.

— Prince, s'écria Cedric, j'ai toujours rendu justice à votre vaillance et à votre mérite. Je sais même que vous avez des droits à la couronne d'Angleterre, comme issu du sang de Mathilde, nièce d'Edgar Atheling et fille de Malcolm d'Écosse. Mais quoique Mathilde fût du sang royal saxon, elle n'était pas héritière du trône.

— Je ne veux pas discuter mes titres avec vous, noble thane ; mais jetez les yeux autour de vous, et j'oserai vous demander quel compétiteur vous trouverez à m'opposer.

— Et êtes-vous donc venu ici, prince, pour me rappeler la ruine et la destruction de la race de nos maîtres légitimes ; pour me dire qu'elle est éteinte, quand la tombe du dernier de ses rejetons n'est pas encore fermée ? (Sa figure s'animait en parlant ainsi.) C'est un acte d'audace, ajouta-t-il, et de témérité.

— Non, de par la sainte croix ! c'en est un de justice. J'ai agi ainsi par suite de la franche confiance que les hommes braves doivent toujours s'accorder mutuellement.

— Vous avez raison, roi d'Angleterre, car je dois reconnaître que vous en resterez le roi, en dépit de ma faible opposition. Je n'aurais qu'un moyen de vous en empêcher; vous m'avez mis à même de l'employer; vous m'avez exposé à une forte tentation : l'honneur ne me permet pas d'y céder.

— Maintenant, parlons du don que j'ai à vous demander et que je ne vous demanderai pas avec moins de confiance, quoique vous contestiez la légitimité de ma souveraineté. Je requiers de vous, comme homme de parole, et sous peine d'être tenu infidèle, *nidering* (1): de rendre votre affection paternelle au brave chevalier Wilfrid d'Ivanhoe votre fils. Vous conviendrez que j'ai un intérêt direct à cette réconciliation, le bonheur de mon ami, et le désir d'éteindre tout sujet de division entre mes sujets.

— Et c'est lui qui vous accompagne? dit Cedric d'un ton ému.

— Mon père, mon père! s'écria Ivanhoe en se découvrant le visage et en se jetant à ses pieds, accordez-moi mon pardon.

— Je te l'accorde, mon fils, répondit Cedric en le relevant. Le fils d'Hereward est esclave de sa parole, même quand il l'a donnée à un Normand. Mais prends le costume de tes ancêtres : point d'habits courts, de hautes plumes ni de souliers pointus dans ma maison. Celui qui veut être le fils de Cedric le Saxon doit se montrer digne des Saxons ses ancêtres..... Tu veux parler, mais je sais d'avance ce que tu as à me dire.

(1) Infame.

Lady Rowena doit porter deux ans le deuil de celui qui était destiné à être son époux. Tous nos aïeux saxons nous désavoueraient, si elle songeait avant ce terme à donner un successeur à celui qui, par sa naissance, était seul digne de sa main. L'ombre d'Athelstane sortirait de son tombeau pour nous défendre de déshonorer sa mémoire.

Ces derniers mots parurent avoir conjuré un spectre. A peine Cedric les avait-il prononcés, que la porte de la chambre s'ouvrit, et qu'on vit entrer Athelstane, couvert d'un linceul, pâle, les yeux hagards, et semblant effectivement une ombre sortie du tombeau.

Cette apparition imprévue produisit plus que de la surprise sur les trois spectateurs. Cedric recula de terreur jusqu'à ce que le mur l'arrêtât, et, s'y appuyant comme s'il eût été hors d'état de se soutenir, il avait les yeux fixés sur la figure de son ami, et semblait dans l'impossibilité de fermer la bouche. Ivanhoe fit un signe de croix, répétant quelques prières en saxon, en latin ou en français-normand, comme elles se présentaient à sa mémoire, tandis que Richard s'écriait en latin : *Benedicite!* et jurait en français : *Mort de ma vie!*

Cependant on entendit un bruit affreux dans le château, et les cris parvinrent jusque dans la chambre où venait d'entrer le spectre : — Saisissez ces coquins de moines ! jetez-les dans le cachot ! Précipitez-les du haut des murailles !

— Au nom du Dieu vivant, dit Cedric s'adressant à ce qui lui semblait l'ombre de son défunt ami, si tu es un homme, parle : si tu es un esprit, parle encore, et apprends-moi pourquoi tu as quitté le séjour des morts, et si je puis faire quelque chose pour le repos de ton ame..... Mort ou vivant, noble Athelstane, parle à Cedric !

— C'est bien mon intention, répondit le spectre avec un grand sang-froid ; mais je suis hors d'haleine, et vous ne me laissez pas le temps de respirer...... Si je suis vivant ! Sans doute je le suis, c'est-à-dire autant qu'on peut l'être après avoir vécu de pain et d'eau pendant trois jours, qui m'ont paru trois siècles...... Oui, de pain et d'eau ! Par le ciel et par tous les saints qui s'y trouvent, nulle autre nourriture n'a passé par mon gosier pendant trois grands jours, et c'est par un coup de la Providence que je suis ici pour vous le dire.

— Comment, noble Athelstane, dit Richard, je vous ai vu moi-même renversé par le templier dans la cour de Torquilstone ; et Wamba, qui n'était pas loin de vous, nous a dit que vous aviez eu la tête fendue jusqu'aux dents.

— Eh bien ! sire chevalier, vous avez mal vu, et Wamba en a menti. Dieu merci, mes dents sont en bon état, et je vous le prouverai tout à l'heure en soupant...... Au surplus, ce n'est pas la faute du templier : le coup était bien asséné ; mais son arme lui tourna dans la main, de manière que je ne reçus qu'un coup du plat de la lame. Si j'avais eu mon casque je l'aurais à peine senti, et je lui aurais riposté de manière à lui ôter l'appétit ; mais n'ayant sur la tête qu'un bonnet de soie, je tombai étourdi et sans connaissance, quoique je n'eusse reçu aucune blessure. Enfin je ne retrouvai l'usage de mes sens que pour me voir dans un cercueil....., dans un cercueil découvert par bonheur, devant l'autel de l'église du couvent de Saint-Edmond. J'éternuai plusieurs fois, je criai, et j'allais me lever quand l'abbé et le sacristain, effrayés du bruit que je faisais, accoururent à moi, surpris et peu contens sans doute de voir vivant un homme dont ils espéraient être les héritiers. Je leur demandai du vin : on m'en donna, après m'avoir fait attendre assez long-temps, à ce qu'il me parut ; mais on y avait sans doute mêlé quelque maudite drogue, car à peine l'eus-je bu que je m'endormis, et, quand je m'éveillai, je me sentis les pieds et les poings si bien liés, que les membres m'en font encore mal quand j'y pense. J'étais dans une obscurité profonde, dans un cachot humide, les oubliettes de ce maudit couvent probablement. Je cherchais quelle pouvait être la cause de tout ce qui m'arrivait, quand la porte de mon donjon cria sur ses gonds, et deux coquins de moines entrèrent. Ils voulaient me persuader que j'étais en purgatoire...... C'était bien en enfer !..... Mais j'avais reconnu la voix du gros abbé. Saint Jérémie ! il me parlait d'un autre ton quand il me priait à ma table de lui servir une seconde tranche de filet de chevreuil ! Le scélérat avait dîné avec moi tous les jours depuis Noël dernier jusqu'aux Rois !

— Patience, noble Athelstane, dit Richard, reprenez haleine ; contez-nous votre histoire à loisir. Sur mon honneur, elle est aussi merveilleuse qu'un roman.

— Oui ; mais, par la croix de Bromeholm, elle n'est que trop véritable. Un pain d'orge et une cruche d'eau, voilà ce qu'ils me laissèrent, les traîtres ! eux que mon père et moi avions enrichis, quand ils n'avaient d'autres ressources que d'aller cajoler de pauvres serfs pour en obtenir quelques tranches de lard et quelques mesures de grain en échange de leurs prières ! Du pain d'orge et de l'eau à un bienfaiteur tel que je l'avais été pour eux !

Mais je les enfumerai dans leur tanière, dussé-je être excommunié !

— Mais, au nom de la sainte Vierge, noble Athelstane, dit Cedric en serrant la main de son ami, comment avez-vous échappé à ce péril imminent ! Leurs cœurs se sont-ils laissé toucher de compassion ?

— Leurs cœurs ! répéta Athelstane ; les rochers se laissent-ils fondre par le soleil ? J'y serais encore sans un mouvement extraordinaire qui a eu lieu au couvent ce matin, parce que, comme je viens de l'apprendre, les moines voulaient venir ici dévorer le festin de mes funérailles, tandis qu'ils savaient fort bien où ils m'avaient enterré tout vivant. J'entendis leurs cloches et leurs psaumes, ne me doutant guère qu'ils étaient occupés à prier pour l'ame de celui qu'ils faisaient mourir de faim. Ils partirent, et je restai long-temps sans qu'on m'apportât ma triste pitance. Rien de moins étonnant. Le sacristain goutteux songeait à ses affaires, au lieu de s'occuper des miennes. Il arriva enfin d'un pas chancelant, et je sentis, lorsqu'il entra, une odeur de vin et d'épices qui me réjouit le cœur. La bonne chère l'avait attendri, car, au lieu de mon pain d'orge, il me laissa une bonne tranche de pâté, et un flacon de vin remplaça la cruche d'eau. Je bus, je mangeai, je repris des forces et du courage, et une faible lueur qui venait par la porte me fit voir qu'elle était entr'ouverte. Le sacristain en avait fermé le double tour, et avait poussé les verroux avec grand soin ; mais l'état de sa tête ne lui avait pas permis de s'apercevoir qu'il n'en avait pas rejoint les deux battans. La clarté et le vin inspirèrent mon industrie. J'avais une chaîne passée autour du corps, et dont le bout était scellé dans la muraille ; mais le fer même ne pouvait exister dans ce maudit caveau; la rouille le dévorait, et avec quelques efforts je parvins à briser ma chaîne.

— Noble Athelstane, dit Richard, avant de continuer cette histoire lamentable, ne feriez-vous pas bien de prendre quelques rafraîchissemens !

— Bons ou mauvais, j'ai déjà fait cinq repas aujourd'hui. Cependant une tranche de ce jambon, qui paraît succulent, ne me nuirait pas, et si vous voulez me faire raison.....

En parlant ainsi, il s'approcha d'une table qui était dressée dans cette salle, et couverte de toutes sortes de rafraîchissemens. Il remplit une coupe de vin, et Cedric ainsi que les deux chevaliers, en ayant fait autant, burent à la résurrection de leur hôte, qui continua ensuite son histoire. Le nombre de ses auditeurs était alors considérablement augmenté. Edith, au comble de la joie, ayant donné dans le château les ordres que rendait nécessaires la réapparition de son fils, était venue rejoindre le mort-vivant dans le salon destiné aux étrangers, et elle y avait été suivie par tous ceux qui avaient pu y trouver place, tandis que la foule pressée sur l'escalier recevait de ceux qui étaient le plus près de la porte une édition fautive de cette histoire, qui, passant de bouche en bouche, et se chargeant à chaque marche de nouveaux détails exagérés, arriva dans la cour tout-à-fait méconnaissable.

— Ma chaîne s'étant rompue près du mur, continua Athelstane, j'en traînai le bout après moi, en montant l'escalier aussi lestement que pouvait le faire un homme affaibli par trois jours de jeûne au pain et à l'eau, et j'arrivai dans une chambre où je trouvai le digne sacristain attablé avec un gros frère, en froc et en capuchon, à larges épaules, un peu plus qu'entre deux vins, et qui ressemblait plutôt à un voleur qu'à un moine. Le linceul que j'avais gardé, et le bruit des chaînes qui me formaient une espèce de queue, me firent sans doute paraître comme un habitant de l'autre monde, car le frère étranger me regarda, la bouche et les yeux ouverts, en faisant un signe de croix. Mais quand il me vit renverser le sacristain d'un grand coup de poing, il m'allongea un coup d'un gros bâton noueux qui était près de lui.

— C'était peut-être notre frère Tuck, dit Richard à Ivanhoe.

— Que ce soit le diable ou un moine, peu m'importe! Heureusement il manqua son coup. Je me jetai sur son bâton, mais il ne jugea pas à propos de m'en disputer la possession, et monta les escaliers quatre à quatre, sans doute pour sortir du couvent. Au lieu de m'amuser à le poursuivre, je m'emparai d'un trousseau de clefs que le sacristain portait à son côté, et, en ayant trouvé une qui ouvrait le cadenas de ma chaîne, je me hâtai de m'en débarrasser. J'avais quelque envie de briser le crâne du coquin avec le bâton de son compagnon de table, mais le souvenir de la tranche de pâté et du flacon de vin dont il m'avait gratifié me toucha le cœur et lui sauva la vie. Je bus à la hâte quelques verres de vin, et, le laissant étendu sur le plancher, je courus à l'écurie, où je trouvai mon palefroi, que le scélérat d'abbé destinait sans doute à l'honneur de lui servir de monture. Je partis sur-le-champ, et galopai sur la route de Coningsburgh, chacun prenant la fuite à mon aspect, et me regardant comme un spectre ; car, craignant d'être reconnu et de retomber entre les mains de ces chiens de moines, je m'étais soigneusement enveloppé de mon linceul. Enfin je crois que je n'aurais pas pu entrer dans mon propre château, si l'on ne m'avait pris pour le compagnon d'un jongleur qui cherche à égayer les gens assemblés pour pleurer à mes funérailles, et si l'on n'eût cru que le costume que je portais était nécessaire pour jouer un rôle dans une de ces farces. Enfin je parvins à m'introduire ici presque furtivement, et avant de vous chercher, mon noble ami, dit-il à Cedric, je n'ai eu que le temps d'embrasser ma mère et de manger un morceau.

— Et vous m'avez trouvé, dit Cedric, prêt à reprendre nos glorieux projets, prêt à tout oser pour l'honneur et la liberté. Dès demain il faut travailler à délivrer d'esclavage la race saxonne.

— Ne me parlez de délivrer personne; c'est bien assez que je me sois délivré moi-même. Mon glorieux projet à moi, c'est de punir ce coquin d'abbé. Je le ferai pendre au haut de la tour de Coningsburgh, avec sa chape et son étole; et s'il est trop gros pour passer par l'escalier, je le ferai hisser en dehors à l'aide d'une corde et d'une poulie.

— Mais, mon fils, dit Edith, faites attention à son saint caractère.

— Mais, ma mère, répondit Athelstane, faites attention à mes trois jours de jeûne. Ils périront tous jusqu'au dernier. Front-de-Bœuf n'avait pas si bien mérité d'être brûlé tout vivant. Il tenait bonne table pour ses prisonniers; seulement son cuisinier avait mis trop d'ail dans son dernier ragoût. Mais ces hypocrites, ces ingrats, ces coquins qui m'avaient si souvent cajolé à ma table!.... du pain et de l'eau! Par l'ame d'Hengist, ils périront!

— Mais le pape, mon noble ami? dit Cedric.....

— Mais le diable! mon noble ami, répliqua vivement Athelstane : je vous dis qu'ils périront, et l'on n'en parlera plus. Quand ce seraient les plus saints moines du monde, le monde n'en ira pas moins bien sans eux.

— Fi! noble Athelstane, dit Cedric, oubliez ces misérables, quand une si belle carrière de gloire s'ouvre devant vous, et profitez de l'occasion qui a rassemblé ici tous les principaux chefs saxons. Dites à ce prince normand, à Richard d'Anjou, que, tout Cœur-de-Lion qu'il est, il ne conservera pas la couronne d'Alfred sans qu'on la lui dispute, quand il existe un descendant mâle du saint roi confesseur.

— Quoi, s'écria Athelstane, ce chevalier est-il le noble roi Richard?

— Richard Plantagenet, dit Cedric : mais je n'ai pas besoin de vous dire qu'il s'est rendu ici librement et avec confiance, et que par conséquent nous ne devons ni lui faire injure ni le retenir prisonnier. Vous savez ce que vous devez à votre hôte.

— Oui, par ma foi, dit Athelstane, et je sais aussi ce que je dois à mon roi : et me voici, ajouta-t-il en fléchissant le genou devant Richard, prêt à lui rendre foi et hommage.

— Mon fils, s'écria Edith, pense au sang royal qui coule dans tes veines!

— Prince dégénéré, dit Cedric, pense à la liberté de l'Angleterre.

— Ma mère et mon ami, répondit Athelstane en se

relevant, trêve d'exhortations. Le pain et l'eau dans un cachot nourrissent mal l'ambition. Je sors du tombeau plus sage que je n'y étais descendu. La moitié de ces folies m'étaient soufflées dans l'oreille par ce coquin d'abbé Wolfram, et vous pouvez juger si c'est un conseiller à écouter. Depuis qu'on m'a mis ces billevesées dans la tête, on m'a fait courir de château en château, par voies et par chemins, et je n'y ai gagné que de la fatigue, des coups, des indigestions, des emprisonnemens et trois jours d'abstinence, et tout cela pourquoi? — pour des projets ne tendant à rien moins qu'à faire périr quelques milliers d'hommes qui mangent en ce moment leur souper bien tranquillement. J'y renonce à jamais. Je ne veux être roi que dans mes domaines, et mon premier acte de souveraineté sera de faire pendre ce scélérat d'abbé.

— Et ma pupille, lady Rowena, j'espère que vous n'avez pas intention de l'abandonner?

— Soyons de bonne foi, mon bon père Cedric, et soyez raisonnable. Lady Rowena aime mieux le petit doigt du gant de votre fils Ivanhoe que toute ma personne. La voilà pour en convenir. Ne rougissez pas, ma belle parente: il n'y a pas de honte à préférer un chevalier courtisan à un franklin campagnard. Mais ne riez pas non plus, lady Rowena: un linceul et un visage maigri par le jeûne ne doivent pas inspirer la gaieté. Au surplus, si vous voulez rire, je vais vous en donner un meilleur sujet. Donnez-moi votre main, ou, pour mieux dire, prêtez-la-moi, car je ne vous la demande qu'à titre d'amitié. Bien! Maintenant, Wilfrid, approchez: je renonce en votre faveur..... Eh bien! où est Wilfrid? A moins que je n'aie la berlue, par suite du jeûne auquel j'ai été condamné, je jurerais qu'il était là il n'y a qu'un instant.

On le chercha, on l'appela partout, mais inutilement; il avait disparu. On apprit pourtant qu'un juif avait demandé à lui parler, et qu'après une très-courte conférence avec lui Ivanhoe était monté à cheval, suivi de Gurth, et avait quitté le château.

— Belle lady Rowena, dit Athelstane, si je pouvais croire que le brusque départ d'Ivanhoe ne fût pas occasioné par les plus puissans motifs, je reprendrais moi-même les droits....

Mais, comme il avait lâché sa main en apprenant la disparition d'Ivanhoe, lady Rowena, qui trouvait sa situation extrêmement embarrassante, avait saisi cette occasion pour sortir de l'appartement.

— Certainement, dit Athelstane, on a raison de dire que, de tous les animaux, la femme est l'être à qui il faut le moins se fier; j'en excepte pourtant les abbés et les moines. Je veux être un païen si je ne m'attendais pas qu'elle me remercierait, qu'elle m'embrasserait même. Il faut que ce maudit linceul soit encorcelé : tout le monde semble me fuir ! Noble roi Richard, c'est donc à vous que je m'adresse, vous offrant de nouveau la foi et l'hommage que comme votre fidèle sujet.....

Mais le roi Richard avait aussi disparu, et personne ne savait où il était allé. Enfin on apprit de Wamba qu'il était descendu dans la cour, avait appelé le juif qui avait parlé à Ivanhoe, et qu'après deux minutes d'entretien, il avait pris son cheval, avait forcé le juif à monter sur un autre, et était parti avec lui, dit Wamba, d'un train qui faisait qu'il ne donnerait pas un sou des os du vieux juif.

— Sur mon ame! s'écria Athelstane, il est évident que Zernebock a pris possession de mon château pendant mon absence! Je reviens couvert d'un linceul gage de la victoire que j'ai remportée sur le tombeau, et tous ceux à qui j'adressse la parole semblent s'évanouir en entendant le son de ma voix. Je n'ose plus parler à personne. Je me contente donc d'inviter ceux de mes amis qui ne sont pas encore disparus à me suivre dans la salle du banquet. J'espère qu'il sera digne d'avoir été préparé pour les funérailles d'un noble Saxon, qui en mangera volontiers sa part. Mais dépêchons-nous, car qui sait si le diable n'emporterait pas aussi le souper?

CHAPITRE XLIII.

« Que les forfaits nombreux dont Mowbray fut coupable
» Chargent son palefroi d'un poids insupportable,
» Et que d'un tel fardeau ce coursier révolté
» Renverse dans l'arène un monstre détesté ! »
          Shakspeare. *Richard II*.

Il faut maintenant que nos lecteurs se transportent de nouveau à Templestowe, ou, pour mieux dire, dans la plaine de Saint-Georges. C'est là que devait avoir lieu le combat judiciaire qui allait décider du sort de l'infortunée Rebecca. Tous les environs étaient en mouvement, et de toutes parts on accourait à ce spectacle, comme s'il eût été question d'une fête villageoise ou d'une foire. Au surplus, quoiqu'on fût alors habitué à voir de vaillans chevaliers périr par les mains les uns des autres, soit dans des rencontres, soit dans les tournois, l'espèce de plaisir inhumain que l'homme trouve à repaître ses yeux de scènes sanglantes n'est pas un reproche particulier à faire à ces siècles d'ignorance, puisque, même de nos jours, dans un temps où l'on connaît mieux les lois morales et les droits de l'humanité, un combat de boxeurs, une assemblée de réformateurs radicaux, ou une exécution, rassemblent, à leurs propres périls, une foule de spectateurs qui, sans prendre aucun intérêt à l'événement en lui-même, y vont uniquement pour voir comment les choses se passeront.

Une multitude de curieux était stationnée dans le voisinage de la porte de la commanderie, pour en voir sortir le cortège, et une foule encore plus grande était réunie près des lices de Saint-Georges, où devait se passer cette sanglante tragédie. C'était un enclos adjacent, formant un parallélogramme, qu'on avait nivelé avec soin, et qui servait aux exercices militaires des templiers : ce terrain était entouré de palissades ; et, comme ces chevaliers n'étaient pas fâchés d'avoir des spectateurs de leurs faits d'armes, ils avaient fait construire tout autour de l'enclos de vastes galeries en amphithéâtre, qui pouvaient contenir un nombre immense de curieux.

A l'extrémité de cette enceinte, du côté de l'eest, on avait placé un trône pour le grand-maître, et des sièges pour les commandeurs et les chevaliers. Au-dessus du trône flottait l'étendard sacré, nommé *le Beauséant*, qui était l'enseigne de l'ordre, comme son nom en était le cri de ralliement.

A l'autre extrémité s'élevait un bûcher, au milieu duquel on voyait un poteau auquel était suspendues des chaînes en fer pour y attacher la victime qu'on devait immoler. Debout, près du bûcher, étaient quatre esclaves noirs, dont la couleur et les traits africains, alors presque inconnus en Angleterre, frappaient de terreur la populace, qui semblait les regarder comme des démons prêts à rentrer dans leur élément. Ces quatre hommes restaient dans un état d'immobilité parfaite, si ce n'est quand un cinquième, de même couleur, qui paraissait leur chef, leur donnait quelques ordres pour l'arrangement du bûcher. Ils ne jetaient pas les yeux sur le peuple qui les entourait, semblaient ignorer qu'ils eussent des spectateurs, et ne pensaient qu'à s'acquitter de leur horrible devoir. Quand ils se parlaient les uns aux autres, qu'ils ouvraient leurs grosses lèvres, et laissaient voir leurs dents étincelantes de blancheur, comme s'ils avaient souri d'avance à l'idée de la tragédie dans laquelle ils allaient jouer un rôle, les paysans effrayés pouvaient à peine s'empêcher de croire que ces hommes extraordinaires ne fussent les esprits infernaux avec lesquels avait eu commerce la sorcière qu'on allait voir paraître, et qui se disposaient à commencer son châtiment dans l'autre monde aussitôt qu'elle aurait subi celui qui l'attendait dans celui-ci. Le pouvoir du diable était le sujet général de toutes les conversations, et il n'aurait pu raisonnablement se plaindre qu'on lui en attribuât trop peu.

— Père Dennet, dit un jeune paysan à un autre plus avancé en âge, n'avez-vous pas entendu dire que le diable a emporté, en corps et en ame, le grand thane saxon, Athelstane de Coningsburgh ?

— Oui, oui, répondit Dennet ; mais, par la grace de Dieu et de saint Dunstan, il a été obligé de le rapporter.

— Que voulez-vous dire? leur demanda un jeune homme en casaque verte brodée en or, et dont on reconnaissait la profession en le voyant suivi d'un gaillard robuste qui portait une harpe. Ce nouvel interlocuteur semblait au-dessus des ménestrels ambulans; car, indépendamment de la broderie qui ornait ses vêtemens, il portait au cou une chaîne d'argent à laquelle était attaché le *wrest* ou clef dont il se servait pour accorder sa harpe. Une plaque d'argent était attachée à son bras droit; mais, au lieu d'y voir la devise de quelque baron à la famille duquel il aurait pu appartenir, on y lisait seulement le mot SHERWOOD. — Que voulez-vous dire? demanda-t-il aux deux paysans en se mêlant à leur conversation; je suis venu chercher ici un sujet de ballade, mais, par Notre-Dame! je ne serais pas fâché d'en trouver deux.

— Il est bien connu, dit Dennet, que quatre semaines après la mort d'Athelstane de Coningsburgh.....

— Comment, quatre semaines! s'écria le ménestrel: cela est impossible; je l'ai vu bien portant à la passe d'armes d'Ashby, il n'y a que quelques jours.

— Cela n'empêche pas qu'il ne soit mort, ou disparu du monde, dit le jeune paysan; car j'ai entendu les moines de Saint-Edmond chanter pour lui l'office des morts; il y a eu, comme de raison, un superbe festin de funérailles au château de Coningsburgh, et je n'aurais pas manqué d'y aller, sans Mabel Parkins, qui.....

— Oui, oui, Athelstane est bien mort, dit Dennet en secouant la tête, et c'est un grand malheur, car voilà l'ancien sang saxon......

— Mais votre histoire, votre histoire! s'écria le ménestrel d'un ton d'impatience.

— Oui, oui, contez-nous cette histoire, dit un gros frère appuyé sur un bâton qui, tenant le milieu entre un bourdon de pèlerin et une massue, servait probablement dans l'occasion pour ces deux usages. Tirez droit au but, nous n'avons pas de temps à perdre.

— Eh bien ! s'il plaît à Votre Révérence, dit Dennet, le sacristain de Saint-Edmond était à boire dans sa cellule, avec un ivrogne de moine qui.....

— Il ne plaît pas à ma Révérence qu'il existe un animal tel qu'un moine ivrogne ; et, si par hasard il s'en trouvait quelqu'un, ce ne serait pas à un laïc à en parler ainsi. Apprends à être honnête. Tu dois supposer que ce saint homme était tellement absorbé dans ses méditations, que ses yeux voyaient double, et que ses jambes chancelaient, exactement comme s'il avait trop bu de vin nouveau. Cela peut arriver; je le sais par expérience.

— Eh bien donc ! reprit Dennet, un saint homme était venu rendre visite au frère sacristain..... Ce saint homme est pourtant un prêtre de contrebande qui tue la moitié des daims qui sont volés dans la forêt, qui aime mieux entendre le glouglou d'un flacon que la cloche des matines, et qui préfère une tranche de jambon à son bréviaire ; du reste, bon vivant, joyeux compagnon, et ne le cédant à personne, dans tout le comté d'York, pour tirer de l'arc, manier la pertuisane et danser une ronde.

— Cette dernière phrase, Dennet, lui dit le ménestrel à demi-voix, t'a sauvé une ou deux côtes.

— Oh ! oh ! je ne crains rien. Je ne suis plus jeune; mais j'ai encore de bons bras, et quand je me suis battu à Duncaster pour.....

— Mais l'histoire, répéta le ménestrel, l'histoire !

— Eh bien ! l'histoire, c'est qu'Athelstane de Coningsburgh a été enterré à Saint-Edmond.

— C'est un mensonge, s'écria le frère, un gros mensonge ! Je l'ai vu, moi-même, transporter à son château de Coningsburgh.

— Eh bien ! si vous savez l'histoire, contez-la vous-même, dit Dennet d'un ton d'humeur. Cependant son compagnon et le ménestrel parvinrent, à force d'instances, à le déterminer à la continuer. Ces deux frères, qui n'étaient point ivres, dit-il, puisque cela déplait au révérend, avaient passé une bonne partie de la journée à boire de l'ale, du vin, je ne sais quoi, quand tout à coup ils entendirent des gémissemens, un grand bruit de chaînes, et ils virent entrer le spectre d'Athelstane, qui leur dit d'une voix de tonnerre : — Mauvais bergers......

— Cela est faux ! s'écria le frère, il n'a pas dit une seule parole.

— Ah ! ah ! frère Tuck, dit le ménestrel en le tirant à part, tu laisses donc prendre le lièvre au gîte ? tu t'es vendu toi-même.

— Je te dis, Allan-a-Dale, dit l'ermite de Copmanhurst, que j'ai vu, vu de mes propres yeux, le spectre d'Athelstane, aussi distinctement que tu as jamais vu un homme vivant. Il était couvert d'un linceul, il répandait une odeur de sépulcre. Un tonneau de Malvoisie ne l'effacerait pas de ma mémoire.

— A d'autres, frère Tuck, à d'autres. Ce n'est pas avec moi qu'il faut t'amuser à plaisanter ainsi.

— Je te dis que je lui ai allongé un coup de bâton bien appliqué, bien ajusté, qui aurait fendu la tête à un bœuf, et le bâton lui a passé à travers le corps comme si c'eût été une colonne de fumée.

— Par saint Hubert! c'est une histoire merveilleuse, et je veux en faire une ballade sur l'air : *Le chagrin vint afliger le vieux moine* (Sorrow came to the old friar).

— Tu peux rire tant que tu voudras ; mais, si tu fais une ballade sur ce sujet, je consens qu'un esprit ou que le diable lui-même m'emporte si je la chante jamais. Non, non! j'ai sur-le-champ formé la résolution de faire une bonne œuvre ; et c'est pour cela que je viens voir brûler une sorcière, ou le jugement de Dieu dans un combat.

Tandis qu'ils parlaient ainsi, la grosse cloche de l'église de Saint-Michel de Templestowe, vénérable édifice situé dans un hameau à peu de distance de la commanderie, se fit entendre, et mit fin à toutes les conversations. Ces sons lugubres arrivaient lentement à l'oreille, car ce n'était que lorsque l'écho cessait de répéter le bruit produit par l'airain, qu'on le frappait de nouveau. Ce signal solennel, qui annonçait le commencement de la cérémonie, fit tourner tous les yeux du côté de la commanderie, pour voir le grand-maître, le champion de l'ordre et la condamnée.

Enfin le pont-levis se baissa, les portes s'ouvrirent, et l'on vit sortir du château un chevalier portant le grand étendard de l'ordre, précédé par six trompettes, et suivi par les commandeurs et les chevaliers, rangés deux à deux. Marchait ensuite le grand-maître, monté sur un superbe cheval, mais dont les harnais étaient de la plus grande simplicité. Derrière lui était Brian de Bois-Guilbert, armé de pied en cap et suivi de ses deux écuyers, portant son épée, sa lance et son bouclier. Son visage, quoique ombragé en partie par une grande plume flottant sur son casque, annonçait un cœur en proie aux plus violentes passions, et dans lequel l'orgueil combattait l'irrésolution. Il était d'une pâleur mortelle, comme s'il eût passé plusieurs nuits sans fermer l'œil : cependant il conduisait son coursier avec l'aisance et la grace qu'on pouvait attendre de la meilleure lance de l'ordre des templiers. Il avait l'air fier et imposant ; mais si on le regardait avec attention, on détournait les yeux de son visage farouche par un sentiment involontaire d'aversion.

A ses côtés étaient Conrad de Montfichet et Albert de Malvoisin, qui remplissaient les fonctions de parrains de champion. Ils n'étaient point armés, et portaient la robe blanche de leur ordre. Derrière eux marchaient les simples chevaliers, suivis d'un cortège nombreux d'écuyers et de pages vêtus de noir, et aspirant à l'honneur d'entrer un jour dans l'ordre. Enfin une troupe de gardes à pied, portant la même livrée, laissaient apercevoir, au milieu de leurs pertuisanes, la malheureuse Rebecca, pâle, mais pleine de dignité, timide, mais non abattue, marchant à pas lents, mais avec fermeté, vers le lieu où l'on avait déjà fait tous les apprêts de son supplice. On l'avait dépouillée de tous ses ornemens, de crainte qu'il ne s'y trouvât quelques-uns de ces amulettes qu'on supposait que Satan donnait à ses victimes pour les priver du pouvoir de faire des aveux, même dans les douleurs de la torture. A ses vêtemens orientaux on avait substitué une robe blanche d'étoffe grossière de la forme la plus simple ; mais on voyait sur son visage un mélange si intéressant de courage et de résignation, que même sous cet habillement, et sans autre parure que ses longs cheveux noirs, elle tirait des larmes des yeux de tous les spectateurs, et les cœurs les plus endurcis par le fanatisme et la superstition ne pouvaient s'empêcher de regretter amèrement que Satan eût fait d'une créature en apparence si parfaite un vase d'opprobre et de perdition.

La marche était fermée par un groupe de personnages inférieurs remplissant diverses fonctions dans la commanderie, et qui suivaient la victime dans le plus grand ordre, les bras croisés, et les yeux fixés en terre.

Cette procession s'avança lentement vers le champ clos, dont elle fit le tour de droite à gauche; après quoi, s'arrêtant, le grand-maître et toute sa suite, à l'exception du champion et de ses deux parrains, mirent pied à terre, et confièrent leurs chevaux aux écuyers, qui les gardèrent à l'extérieur de la lice.

L'infortunée Rebecca fut conduite vers une chaise peinte en noir, placée à côté du bûcher. Au premier regard qu'elle jeta sur les apprêts du supplice horrible qui lui était destiné, on la vit tressaillir et fermer les yeux, priant sans doute à voix basse, car elle remuait les lèvres quoique aucun son ne sortît de sa bouche. Au bout d'une minute, elle ouvrit les yeux, les fixa sur le bûcher, comme pour se familiariser avec le destin qui l'attendait, et finit par détourner la tête.

Cependant le grand-maître s'était assis sur son siège, et quand tous ses chevaliers se furent placés à ses côtés ou derrière lui, selon leur rang, le son des trompettes annonça l'ouverture de la séance. Malvoisin alors, comme parrain du champion, s'avança vers le grand-maître, et déposa à ses pieds le gage du combat, c'est-à-dire le gant de la juive.

—Valeureux seigneur, et révérend père, lui dit-il, voici Brian de Bois-Guilbert, chevalier de l'ordre du Temple, qui, en déposant à vos pieds, par mes mains, le gage du combat, déclare qu'il est prêt à faire son devoir, en soutenant envers et contre tous, la lance à la main, que cette fille juive, nommée Rebecca, a été justement condamnée par le chapitre du saint ordre du Temple de Sion à périr comme sorcière. Il est prêt, dis-je, à combattre honorablement et en brave chevalier, si tel est le bon plaisir de Votre Révérence.

—Le chevalier, dit le grand-maître, a-t-il prêté serment que la querelle est juste et honorable? faites apporter le crucifix et le *te igitur*.

—Vénérable grand-maître, se hâta de répondre Malvoisin, le chevalier notre frère a déjà prêté serment entre mes mains de la justice de sa cause, et vous penserez sans doute qu'il ne doit pas le réitérer dans cette assemblée, puisque son adversaire est une infidèle et ne peut être admise à le prêter à son tour.

Lucas de Beaumanoir se rendit à cette observation, à la grande satisfaction de Malvoisin, qui avait prévu qu'il serait difficile et peut-être impossible de déterminer Bois-Guilbert à prêter un pareil serment en face de cette assemblée, et qui avait imaginé ce subterfuge pour lui en épargner la nécessité.

Le grand-maître, ayant déclaré que la formalité du serment avait été suffisamment remplie, ordonna à un héraut d'armes de faire son devoir. Les trompettes sonnèrent de nouveau, et le héraut, s'avançant au milieu de la lice, s'écria à haute voix :

— Oyez! Oyez! Oyez! voici le chevalier Brian de Bois-Guilbert, prêt à combattre à outrance, à la lance et à l'épée, tout chevalier de noble sang qui voudra prendre la cause de la juive Rebecca, à qui l'appel au jugement de Dieu a été accordé ; auquel chevalier le valeureux et révérend grand-maître ici présent accordera un juste partage du soleil et du vent, et tout ce qui peut assurer l'égalité des armes. Les trompettes sonnèrent une seconde fois, et un profond silence régna pendant quelques minutes.

— Nul champion ne se présente pour l'appelante, dit Beaumanoir : héraut, allez lui demander si elle attend quelqu'un pour prendre sa défense. Le héraut s'avança vers la chaise sur laquelle était assise Rebecca ; et Bois-Guilbert, en dépit de tout ce que purent lui dire Malvoisin et Montfichet, mit son cheval au galop, et arriva près de la jeune juive en même temps que le héraut d'armes.

— Cela est-il régulier ? demanda Malvoisin au grand-maître. Cela est-il conforme aux lois du combat ?

— Oui, Malvoisin, répondit Beaumanoir. Dans un appel au jugement de Dieu, on ne doit point empêcher les parties d'avoir ensemble des communications qui peuvent tendre à la manifestation de la vérité.

Cependant le héraut s'adressa à Rebecca en ces termes :
— Juive, l'honorable et révérend grand-maître demande si tu es prête à fournir un champion pour soutenir ta cause, ou si tu te reconnais justement et légalement condamnée à la mort.

— Dites au grand-maître, répondit Rebecca, que je déclare que je suis innocente, injustement condamnée, et que je ne veux pas me rendre moi-même coupable de ma mort. Je lui demande donc tel délai que ses lois permettent de m'accorder, pour voir si Dieu, pour qui le temps n'est rien, ne me suscitera pas un libérateur ; après quoi, que sa volonté s'accomplisse.

Le héraut porta sur-le-champ cette réponse au grand-maître.

— A Dieu ne plaise, dit Beaumanoir, que personne, fût-il juif ou païen, ait à m'accuser d'injustice. Jusqu'à ce que l'ombre passe de l'ouest à l'est, nous attendrons pour voir s'il se présentera un champion pour cette femme. Passé ce délai, qu'elle se prépare à la mort.

Le héraut retourna porter la réponse du grand-maître à Rebecca, qui inclina la tête d'un air de soumission, et leva les yeux vers le ciel, les bras croisés sur sa poitrine, comme pour en implorer le secours qu'elle ne pouvait guère plus se promettre des hommes. En ce moment la voix de Bois-Guilbert frappa son oreille, et quoiqu'il parlât très-bas, elle fit sur elle plus d'impression que tout ce que le héraut venait de lui dire.

— Rebecca, dit le templier, m'entends-tu ?

— Je n'ai pas d'oreilles pour toi, homme cruel, cœur de rocher.

— Tu m'entends cependant, et le son de ma voix m'épouvante moi-même. Je sais à peine où nous sommes, et pourquoi nous nous trouvons ici. Ce champ clos, ce siège funèbre, ce fatal bûcher ! Oui, je sais ce que tout cela signifie, mais il me semble que c'est un rêve, une vision effrayante qui abuse mes sens, et je ne puis me convaincre de leur réalité.

— Mon esprit et mes sens sont également convaincus, répliqua Rebecca. Ils me disent que ce bûcher est destiné à consumer mes dépouilles mortelles, et à conduire mon ame par un chemin pénible, mais court, à une glorieuse éternité.

— Songes frivoles, Rebecca, vaines espérances, que vos saducéens, plus sages, rejettent eux-mêmes. Écoute-moi, continua-t-il d'un ton plus animé : ta vie est encore entre tes mains, en dépit de ces misérables fanatiques. Monte en croupe sur mon coursier, sur Zamor, qui ne m'a jamais manqué au besoin, que j'ai conquis en un combat singulier, sur le sultan de Trébizonde ; aucun cheval ne peut suivre Zamor à la course ; monte en croupe, te dis-je, et en peu d'instans nous serons à l'abri de toute poursuite. Un nouveau monde de plaisir pour toi, et de gloire pour moi, s'ouvrira devant nous. Qu'ils prononcent leur sentence, je la méprise ; qu'ils effacent le nom de Bois-Guilbert de la liste de leurs esclaves monastiques : je laverai dans le sang chaque tache qu'ils oseront faire à mon écusson.

— Retire-toi, tentateur ! je monterais dix fois sur le bûcher, plutôt que de faire un seul pas pour te suivre. Entourée de toutes parts d'ennemis, je te regarde comme le plus cruel et le plus acharné. Retire-toi, au nom du Dieu vivant !

Albert de Malvoisin, impatient et alarmé de la durée de cette conférence, arriva près d'eux en ce moment, dans le dessein de l'interrompre.

— A-t-elle avoué son crime ? demanda-t-il à Bois-Guilbert, ou est-elle résolue à toujours le nier ?

— Oui, elle est *résolue*, répondit Bois-Guilbert avec un sourire amer.

— Allons, mon noble frère, revenez à votre place attendre l'événement. Le soleil commence à s'avancer vers le couchant. Venez, brave Bois-Guilbert, espoir de notre ordre et bientôt son chef.

Tout en cherchant ainsi à le flatter, il mit la main sur

la bride du cheval de Bois-Guilbert, comme pour le reconduire à sa place.

—Misérable! s'écria Bois-Guilbert avec fureur, oses-tu bien porter la main sur les rênes de mon cheval? Et, le repoussant avec indignation, il alla reprendre la place qui lui avait été assignée.

—Il ne manque pas de chaleur, dit Malvoisin à Montfichet, si elle était bien dirigée. Mais c'est comme le feu grégeois, il brûle tout ce qu'il touche.

On était assemblé depuis deux heures, et nul champion ne s'était présenté.

—Il y a de bonnes raisons pour cela, dit le frère Tuck à un de ses voisins, c'est qu'elle est juive. Cependant, de par saint Dunstan, il est dur de voir périr une si jeune et si belle créature, sans que personne prenne sa défense. Quand elle serait dix fois sorcière, si elle était seulement un peu chrétienne, ce bâton sonnerait de belles matines sur le casque d'airain de ce fier templier avant qu'il pût s'applaudir de sa victoire.

Cependant l'opinion générale était que personne ne voudrait embrasser la défense d'une juive condamnée comme sorcière; et les commandeurs voisins du grand-maître commençaient, à l'instigation de Malvoisin, à lui représenter qu'il était temps de déclarer que Rebecca n'avait pas racheté son gage. Mais dans ce moment on vit dans la plaine un chevalier accourant à toute bride, et s'avançant vers le champ clos. L'air retentit des cris : *Un champion! un champion!* et, en dépit des préjugés et des préventions de la multitude, il fut accueilli par des acclamations unanimes quand il entra dans la lice. Mais le second coup d'œil détruisit l'espoir que son arrivée avait fait naître. Son cheval, couvert de sueur, semblait épuisé de fatigue, et le cavalier, quoiqu'il se présentât avec un air de confiance et d'intrépidité, paraissait avoir à peine la force de se soutenir sur sa selle.

Un héraut d'armes s'étant avancé vers lui pour lui demander son rang, son nom, et le dessein qui l'amenait : — Je suis noble et chevalier, lui répondit-il avec fierté, je viens ici pour soutenir par la lance et l'épée la cause de Rebecca, fille d'Isaac d'York; pour faire déclarer injuste et illégale la sentence rendue contre elle; et pour défier sir Brian de Bois-Guilbert au combat à outrance, comme traître, meurtrier et menteur, ainsi que je le prouverai à l'aide de Dieu, de Notre-Dame et de monseigneur saint Georges le brave chevalier.

— Il faut d'abord, dit Malvoisin d'un ton d'humeur, que cet étranger prouve qu'il est chevalier et de noble lignage. Le saint ordre du Temple ne permet pas à ses champions de combattre des inconnus, des hommes sans nom.

— Albert de Malvoisin, répondit le chevalier en levant la visière de son casque, mon nom est mieux connu, mon lignage est plus pur que le tien. Je suis Wilfrid d'Ivanhoe.

— Je ne te combattrai point, s'écria Bois-Guilbert d'une voix altérée; va faire guérir tes blessures, munistoi d'un meilleur cheval, et peut-être alors daignerai-je consentir à te châtier de tes bravades.

— Orgueilleux templier, répondit Ivanhoe, as-tu donc oublié que tu as déjà été deux fois terrassé par cette lance? Souviens-toi du tournoi d'Acre et de la passe d'armes d'Ashby! Souviens-toi du défi que tu m'as porté dans le château de Rotherwood, des gages de bataille que nous avons déposés, toi ta chaîne d'or, moi mon reliquaire; et vois si tu pourras recouvrer l'honneur que tu as perdu. Par ce reliquaire, templier, et par la sainte relique qu'il contient, si tu ne consens à me combattre à l'instant, je te proclamerai comme un lâche dans toutes les cours de l'Europe et dans toutes les commanderies de ton ordre.

Bois-Guilbert se tourna d'abord vers Rebecca d'un air irrésolu, et il s'écria en lançant à Ivanhoe un regard farouche: — Chien de Saxon, oui, je te combattrai! Prends ta lance! Prépare-toi à la mort!

— Le grand-maître m'octroie-t-il le combat? demanda Ivanhoe.

— Je ne puis le refuser, répondit Beaumanoir, si cette jeune fille vous accepte pour champion. Je voudrais seulement que vous fussiez plus en état de combattre; je désire agir honorablement envers vous, quoique vous vous soyez toujours montré ennemi de mon ordre.

— Je demande le combat à l'instant, répondit Ivanhoe. C'est le jugement de Dieu; je mets en lui toute ma confiance.... Rebecca, ajouta-t-il en s'approchant d'elle, m'acceptez-vous pour votre champion?

— Oui, s'écria-t-elle avec une émotion que la crainte de la mort n'aurait pu produire en elle; oui, je vous accepte comme le champion que le ciel m'a envoyé!..... Mais non, non, vos blessures ne peuvent être guéries; n'attaquez pas cet homme sanguinaire.... Faut-il que mon fatal destin vous entraîne!

Mais Ivanhoe ne l'entendait plus. Il était déjà à son poste dans la lice, avait pris sa lance des mains de Gurth, et avait fermé la visière de son casque. Bois-Guilbert en fit autant; mais lorsqu'il ferma sa visière, son écuyer remarqua que son visage, qui pendant toute la matinée avait été d'une pâleur mortelle, s'était couvert du pourpre le plus foncé, comme si tout le sang de son corps y eût reflué.

Le héraut, voyant les deux champions en place, éleva la voix, et répéta trois fois : — Faites votre devoir, preux chevaliers ! Il défendit ensuite que qui que ce fût, sous peine de mort, ne troublât les combattans par un cri, par un mot ou par un geste; après quoi il se retira à l'extrémité de la lice. Le grand-maître, qui tenait en main le gage de bataille, le gant de Rebecca, le jeta alors dans l'arène, et prononça le signal fatal, en disant : — Laissez aller.

Les trompettes sonnèrent, et les chevaliers s'élancèrent l'un contre l'autre. Le cheval épuisé d'Ivanhoe, et son maître, qui était encore loin d'avoir recouvré ses forces, ne purent résister au choc de la lance redoutable du templier, et roulèrent tous deux sur la poussière. Chacun s'attendait à cet événement; mais ce qui surprit tout le monde, ce fut de voir Bois-Guilbert, dont le bouclier ne paraissait avoir été que faiblement touché par la lance de son adversaire, chanceler, perdre ses étriers, et tomber sur l'arène.

Ivanhoe se releva sur-le-champ, et mit l'épée à la main, mais son antagoniste n'en fit pas autant. Wilfrid, lui plaçant un pied sur la poitrine, et lui appuyant sur la gorge la pointe de son épée, lui cria de se reconnaître vaincu, s'il ne voulait recevoir le coup de la mort. Bois-Guilbert ne répondit point.

— Épargnez-le, sire chevalier, s'écria le grand-maître, accordez-lui le temps du repentir; ne faites point périr à la fois son corps et son ame, nous le déclarons vaincu.

Il s'avança dans le champ clos, et donna ordre qu'on détachât le casque du templier. Ses yeux étaient fermés et son visage enflammé ; soudain ses yeux se rouvrirent, mais ils étaient fixes et éteints, et une pâleur mortelle se répandit sur ses traits : la lance de son ennemi ne lui avait pas donné la mort ; il périssait victime de la violence de ses passions.

— C'est véritablement le jugement de Dieu ! dit le grand-maître en levant les yeux vers le ciel. *Fiat voluntas tua !*

CHAPITRE XLIV.

« C'est donc fini comme un conte de vieille. »
WEBSTER.

Après le premier moment de surprise, Ivanhoe demanda au grand-maître, comme juge du champ clos, s'il avait fait son devoir en chevalier loyal et courtois.

— Je n'ai nul reproche à vous faire, répondit le grand-maître : je déclare la jeune fille innocente et libre. Les armes et le corps du chevalier vaincu sont à la disposition du vainqueur.

— Je ne veux point de ses dépouilles, répondit Wilfrid, et je ne veux point déshonorer son corps. Il a combattu pour la chrétienté dans la Palestine. C'est la main de Dieu, et non le bras d'un homme qui l'a frappé aujourd'hui. Mais qu'on lui fasse des funérailles sans pompe, comme cela doit être à l'égard d'un chevalier mort pour une querelle injuste..... Quant à cette jeune fille.....

Il fut interrompu par le bruit d'une troupe nombreuse de cavaliers, qui entraient en ce moment dans la lice. Il se retourna, et reconnut à leur tête le roi Richard, toujours couvert de son armure noire, suivi d'un nombreux détachement d'hommes d'armes, et de plusieurs chevaliers armés de toutes pièces.

— J'arrive trop tard, dit-il en regardant autour de lui. C'était à moi qu'il appartenait de punir Bois-Guilbert; je me l'étais réservé.... A quoi avez-vous pensé, Wilfrid, en entreprenant une telle aventure, quand vous êtes à peine en état de soutenir le poids de vos armes ?

— Le ciel, répondit Ivanhoe, s'est chargé de la punition de cet homme superbe. Il ne méritait pas, sire, le trépas glorieux que vous lui destiniez.

— Que la paix soit avec lui, si la chose est possible, dit Richard en jetant un regard sur son corps étendu dans l'arène. C'était un vaillant chevalier, et il est mort en brave, couvert de ses armes..... Mais nous n'avons pas de temps à perdre..... Bohun, faites votre devoir.

Un des chevaliers qui étaient à la suite du roi sortit des rangs, et s'avançant vers le commandeur Malvoisin :
— Albert de Malvoisin, lui dit-il en lui frappant sur l'épaule, je vous arrête comme coupable de haute trahison.

Le grand-maître était jusque-là resté muet d'étonnement en voyant cette troupe nombreuse de guerriers; mais alors il recouvra la parole.

— Quel est l'audacieux, s'écria-t-il, qui ose arrêter un

chevalier du Temple de Sion dans l'enceinte de sa propre commanderie, et en présence du grand-maître? Qui peut se permettre un tel outrage?

— Moi, répondit le chevalier, moi, Henri Bohun, comte d'Essex, grand-connétable d'Angleterre.

— Et il arrête Malvoisin, dit le roi en levant la visière de son casque, par l'ordre de Richard Plantagenet, ici présent..... Conrad Montfichet, il est heureux pour toi que tu ne sois pas né mon sujet..... Quant à toi, Malvoisin, prépare-toi à mourir avec ton frère Philippe, avant que huit jours soient écoulés.

— Je résisterai à cette sentence, s'écria le grand-maître.

— Tu ne le peux, orgueilleux templier, répondit le roi : jette les yeux sur Templestowe, tu verras déjà flotter sur ses tours l'étendard royal d'Angleterre, au lieu de la bannière de ton ordre. Sois prudent, Beaumanoir, et ne songe pas à une résistance inutile. Ton bras est dans la gueule du lion.

— J'en appellerai à Rome; je vous y citerai comme coupable d'usurpation sur les immunités et privilèges de notre ordre.

— J'y consens, mais quant à présent, pour l'amour de toi-même, ne me parle pas davantage d'usurpation. Dissous ton chapitre, et retire-toi avec tes compagnons dans quelque autre commanderie, si vous en trouvez une qui ne soit un repaire de trahisons et de complots contre le roi d'Angleterre et la tranquillité publique; à moins que vous ne consentiez à rester ici comme hôtes de Richard, et à être témoins de ses actes de justice.

— Recevoir l'hospitalité dans un lieu où j'ai droit de commander! dit Beaumanoir : jamais!..... Chapelains, entonnez le psaume *Quare fremuerunt gentes*..... Chevaliers, écuyers, soldats du saint Temple, préparez-vous à suivre la bannière de Beauséant.

Le grand-maître prononça ces paroles avec autant de majesté que s'il eût été l'égal du souverain de l'Angleterre, et il inspira du courage à ses chevaliers surpris et interdits. Ils se réunirent autour de lui comme les moutons se rassemblent près du chien qui les protège, quand ils entendent les hurlemens d'un loup; mais ils n'en avaient pas la timidité. Leurs fronts audacieux semblaient braver le roi, et leurs yeux exprimaient des menaces que leur bouche n'osait proférer en présence de leur chef. Étant sortis du champ clos, ils remontèrent à cheval; et, se formant en ordre de bataille, ils semblaient, la lance au poing, n'attendre qu'un signal du grand-maître pour commencer les hostilités. La foule, qui avait poussé contre eux de grands cris, recula en silence quand elle vit ces préparatifs de combat, et s'éloigna à une distance prudente pour pouvoir juger des événemens.

Quand le comte d'Essex vit les templiers faire ces dispositions hostiles, il courut à toute bride rejoindre sa troupe pour la mettre en ordre de défense. Richard, au contraire, s'avança vers eux, comme s'il eût pris plaisir à braver le danger. — Chevaliers, s'écria-t-il, parmi tant de braves gens, n'est-il personne qui veuille se mesurer avec Richard? Vos dames ont le teint bien brûlé par le soleil, vaillans soldats du Temple, s'il n'en existe pas une qui mérite qu'on rompe une lance en son honneur.

— Les chevaliers du Temple de Sion, dit le grand-maître sortant des rangs et s'avançant vers Richard, ne combattent point pour des motifs si frivoles, et pas un d'eux ne croisera, en ma présence, sa lance contre la vôtre, Richard d'Angleterre. Le pape et les princes de l'Europe seront juges de notre querelle : ils décideront si un prince chrétien devait se conduire comme vous l'avez fait aujourd'hui. Si l'on ne nous attaque point, nous nous retirerons sans attaquer personne. Nous chargerons votre honneur des armes et des biens appartenans à l'ordre, que nous laissons à Templestowe, et votre conscience du scandale que vous avez donné en ce jour à la chrétienté.

A ces mots, et sans attendre de réponse, le grand-maître donna le signal du départ. Les trompettes sonnèrent un air oriental, qui annonçait toujours aux templiers l'ordre de marcher; et les chevaliers, rompant le front qu'ils présentaient, pour se former en ligne de marche, partirent au petit pas à la suite du grand-maître, comme pour prouver qu'ils se retiraient par obéissance à ses ordres et non par aucun sentiment de crainte.

Semblable à un chien hargneux, mais timide, qui attend pour aboyer l'instant où il n'a plus rien à craindre, la populace accueillit par de grandes acclamations de joie le départ des templiers.

— De par Notre-Dame! dit Richard, c'est grand dommage que ces templiers ne soient pas aussi fidèles qu'ils sont vaillans et bien disciplinés!

Pendant le tumulte qui accompagna leur retraite, Rebecca ne vit et n'entendit rien. Elle était serrée dans les bras de son vieux père, éperdue, interdite, pouvant à peine se persuader qu'elle n'avait plus rien à craindre. Un mot d'Isaac vint la rappeler à elle-même.

— Allons, ma chère fille, lui dit-il, trésor qui vient

de m'être rendu, allons nous jeter aux pieds de ce brave jeune homme.

— Non, répondit Rebecca; oh, non! je n'oserais lui parler en ce moment. Hélas! je lui dirais peut-être plus... Non, non, mon père, quittons à l'instant cette place funeste.

— Quoi! ma fille, reprit Isaac, quitter ainsi celui qui est venu la lance et l'épée à la main, au risque de sa vie, pour vous racheter de captivité, vous, la fille d'un peuple étranger à lui et aux siens! C'est un service qui exige toute notre reconnaissance.

— Que le Dieu de Jacob me punisse, répondit Rebecca, s'il ne la possède pas tout entière! Il recevra mes remerciemens, des remerciemens partant du cœur, mais pas à présent, mon père; si Rebecca vous est chère, pas à présent!

— Mais, dit Isaac en insistant, on dira que nous ne sommes pas plus reconnaissans que des chiens.

— Mais ne voyez-vous pas, mon père, qu'il est occupé avec le roi Richard, et que....

— Cela est vrai, vous avez raison, ma fille. Vous êtes toujours prudente, Rebecca. Partons, partons sur-le-champ. Le roi arrive de la Palestine; on dit qu'il sort de prison, il doit avoir besoin d'argent, et, s'il lui fallait un prétexte pour m'en demander, il en trouverait un dans les relations de commerce que j'ai eues avec le prince Jean. Il ne serait pas sage de me présenter à ses yeux. Partons, ma fille, partons.

Et pressant à son tour sa fille de se retirer, il partit avec elle, et la conduisit chez le rabbin Nathan-Ben-Samuel.

Cette journée avait dû son principal intérêt à la situation critique où s'était trouvée la belle juive; cependant personne ne fit attention à son départ. Tous les esprits n'étaient occupés que du chevalier Noir, et l'air retentissait des acclamations :

— Vive Richard Cœur-de-Lion ! Périssent les templiers usurpateurs !

— Malgré tout cet étalage de loyauté, dit Ivanhoe au comte d'Essex, le roi a pris une précaution fort sage, en se faisant accompagner d'une escorte nombreuse.

Le comte sourit, et secoua la tête.

— Vous qui connaissez si bien notre maître, lui dit-il, pouvez-vous croire un instant que ce soit lui qui ait pris cette précaution? Je marchais sur York, ayant appris que le prince Jean y rassemblait ses partisans, lorsque je rencontrai le roi venant au grand galop, en vrai chevalier errant, pour mettre à fin, par la vigueur de son bras, cette aventure du templier et de la juive; et je l'accompagnai avec ma troupe presque malgré lui.

— Et quelles nouvelles d'York, comte? les rebelles nous y attendent-ils ?

— Pas plus que la neige de décembre n'attend le soleil de juillet. Mais devineriez-vous qui vint nous en annoncer la dispersion ? Jean lui-même !

— Le traître ! l'ingrat ! l'insolent ! s'écria Ivanhoe : le roi l'a-t-il fait arrêter?

— Il l'a reçu comme s'il le rencontrait au retour d'une partie de chasse; mais remarquant les regards d'indignation que nous ne pouvions nous empêcher de jeter sur le prince : — Mon frère, lui dit-il, les esprits sont un peu exaspérés; je crois que vous feriez bien de vous rendre auprès de notre mère. Assurez-la de ma respectueuse tendresse, et restez avec elle jusqu'à ce que la tranquillité soit parfaitement rétablie.

— Et voilà tout ce qu'il lui dit! Ne pourrait-on pas dire qu'il appelle la trahison à force de clémence?

— Sans doute. Précisément comme on pourrait dire que le chevalier qui se présente au combat avant que ses blessures soient guéries appelle la mort.

— La réplique est ingénieuse, comte; mais faites attention que je ne risquais que ma vie, et que Richard compromettait la sûreté de ses sujets.

— Il est rare, répondit le comte d'Essex, que ceux qui sont prodigues de leur vie songent beaucoup à ménager celle des autres. Mais hâtons-nous de regagner le château, car Richard veut faire un exemple de quelques conspirateurs subalternes, quoiqu'il ait pardonné à celui qui en était le chef.

D'après les procédures qui eurent lieu en cette occasion, et qui sont rapportées tout au long dans le manuscrit de Wardour, il paraît que Maurice de Bracy passa la mer avec sa compagnie franche, et entra au service de Philippe de France. Philippe de Malvoisin et son frère Albert, commandeur de Templestowe, furent exécutés, quoique Richard se fût borné à condamner au bannissement Waldemar Fitzurse, qui était l'ame de la conspiration, et qu'il n'eût pas même adressé un reproche à son frère, qui était le plus coupable de tous. Personne ne plaignit pourtant le sort des deux Malvoisin, qui ne firent que subir une mort qu'ils avaient bien méritée par une foule d'actes de cruauté et d'oppression.

Peu de temps après le combat judiciaire, Cedric le Saxon fut mandé à la cour de Richard, qui la tenait alors à York, dans la vue de rétablir l'ordre et la paix dans les comtés voisins, que l'ambition de son frère avait troublés. A cette invitation, le fier Saxon se récria d'abord; cependant il se détermina à l'accepter. Dans le fait, le retour de Richard avait fait évanouir tout ses projets de rétablir sur le trône d'Angleterre la dynastie saxonne; car, quelques succès qu'eussent pu espérer les Saxons au milieu des troubles d'une guerre civile, il était évident qu'ils étaient hors d'état de disputer la couronne à un roi dans la main duquel le sceptre était bien affermi, et que ses brillantes qualités et sa renommée dans les armes rendaient cher à tout son peuple, quoiqu'il tînt les rênes du gouvernement avec une sorte de légèreté qui tantôt tendait au despotisme, et tantôt péchait par excès d'indulgence.

D'ailleurs Cedric avait reconnu, bien à regret, qu'il ne pouvait réussir dans son projet favori de cimenter une union parfaite entre tous les Saxons par le mariage d'Athelstane avec lady Rowena. Celle-ci n'y avait jamais consenti, et celui-là n'y consentait plus. Son enthousiasme pour la cause des Saxons ne lui avait jamais permis de prévoir un tel incident. Il avait toujours pensé que les deux parties devaient, en pareil cas, sacrifier leurs sentimens personnels au bien général de la nation. Il espérait surmonter la répugnance de sa pupille; mais il se trouva complètement déconcerté quand Athelstane lui eut déclaré positivement que rien au monde ne pourrait maintenant le déterminer à épouser lady Rowena. L'obstination naturelle à Cedric ne put tenir contre de pareils obstacles; car, étant le point de jonction, il sentait l'impossibilité de tirer à lui deux mains qui ne voulaient pas se joindre. Il retourna pourtant chez Athelstane, pour faire contre lui une dernière et vigoureuse attaque. Mais il trouva ce rejeton ressuscité de la dynastie saxonne, occupé, comme le sont de nos jours certains gentilshommes campagnards, à guerroyer contre le clergé.

Après toutes ses menaces contre l'abbé de Saint-Edmond et ses moines, qu'il voulait faire pendre et brûler, Athelstane, cédant partie à son indolence naturelle, partie aux prières de sa mère Edith, qui, comme beaucoup d'autres dames de cette époque, était fort attachée au clergé, avait borné sa vengeance à leur faire subir la peine du talion ; et les ayant fait enfermer dans les cachots de son château de Coningsburgh, il les y avait tenus trois jours au pain et à l'eau. L'abbé l'avait menacé d'excommunication pour une telle atrocité, et avait fait une liste effrayante des souffrances que lui et ses frères avaient éprouvées par suite d'un emprisonnement injuste et tyrannique. Athelstane ne songeait qu'aux moyens de résister à cette persécution monacale, et Cedric reconnut que l'esprit de son ami en était tellement occupé, qu'il ne s'y trouvait de place pour aucune autre idée. Il se hasarda pourtant à prononcer le nom de lady Rowena ; mais Athelstane, prenant sa coupe et la remplissant, lui répondit qu'il buvait à la santé de la belle Saxonne, et à sa prompte union avec Wilfrid d'Ivanhoe. C'était donc un cas désespéré. Il n'y avait plus rien à faire d'Athelstane, ou, comme le dit Wamba dans une phrase saxonne qui est arrivée jusqu'à nous, — c'était un coq qui ne voulait pas se battre.

Il ne restait plus que deux obstacles qui empêchassent encore Cedric de consentir à l'union des deux amans, son obstination, et son inimitié contre la race normande. Son opiniâtreté s'affaiblissait graduellement par suite des caresses de sa pupille, et de l'orgueil que lui inspiraient, presque malgré lui, les exploits militaires de son fils. D'ailleurs il n'était pas insensible à l'honneur que ferait à sa maison une alliance avec la race d'Alfred, quand celle d'Édouard-le-Confesseur renonçait pour jamais au trône. L'aversion de Cedric contre la dynastie des rois normands perdait aussi de sa force, d'abord par les réflexions qu'il faisait sur l'impossibilité d'en délivrer son pays, sentiment qui contribue beaucoup à inspirer de la loyauté aux sujets, et ensuite par les égards personnels que lui témoignait Richard, qui, comme le dit le manuscrit de Wardour, travailla si bien l'esprit du fier Saxon, qu'avant qu'il eût passé huit jours à sa cour il donna son consentement au mariage de son fils avec sa pupille.

L'agrément de Cedric une fois obtenu, le mariage de Wilfrid fut bientôt célébré dans le plus auguste des temples, la noble cathédrale d'York. Le roi lui-même y assista, et les égards qu'il témoigna en cette occasion et en plusieurs autres à ses sujets saxons, jusqu'alors opprimés et dégradés, leur donna plus d'assurance d'être traités avec justice et impartialité, qu'ils n'auraient pu raisonnablement l'espérer des chances incertaines d'une guerre civile. Cette cérémonie fut célébrée avec toute la pompe que l'église romaine sait donner à ses solennités.

Gurth resta attaché en qualité d'écuyer à son jeune maître, qu'il avait si fidèlement servi, et le magnanime Wamba passa aussi au service d'Ivanhoe, du consentement de Cedric, qui lui fit présent en cette occasion d'un superbe bonnet de fou orné de sonnettes d'argent.

Ils avaient partagé les dangers et l'adversité de Wilfrid, ils restèrent près de lui pour partager sa prospérité, comme ils avaient droit de l'attendre.

Les Normands et les Saxons de distinction furent invités aux fêtes de ce mariage, qui devint un gage de paix et d'harmonie. Les deux races, depuis cette époque, se sont tellement mêlées ensemble, qu'il n'est plus possible de les distinguer. Cedric vécut assez pour voir cette union presque complète; car, à mesure que les deux peuples se fréquentèrent davantage et contractèrent des alliances ensemble, les Normands devinrent moins orgueilleux et les Saxons plus civilisés. Ce ne fut pourtant que plus d'un siècle après, sous le règne d'Édouard III, qu'on parla à la cour de Londres la nouvelle langue qu'on nomme aujourd'hui l'anglais, que tout esprit d'hostilité fut entièrement éteint entre les Saxons et les Normands, et que les deux races n'en formèrent plus qu'une.

Le surlendemain de cet heureux mariage, lady Rowena fut informée, par sa suivante Elgitha, qu'une demoiselle désirait paraître devant elle, et lui parler sans témoins. Lady Rowena fut surprise; elle hésita d'abord, mais la curiosité l'emporta; elle donna ordre à sa suite de se retirer, et dit à Elgitha de faire entrer l'inconnue.

C'était une femme d'une taille noble et imposante, dont le long voile blanc qui l'enveloppait couvrait, sans les cacher, l'élégance et la dignité. Elle se présenta d'un air respectueux, mais sans aucune apparence de crainte, sans paraître chercher à gagner les bonnes graces de celle à qui elle s'adressait. Lady Rowena était toujours prête à bien accueillir les demandes des autres; elle se leva, et invita l'étrangère à s'asseoir ; mais celle-ci, jetant un coup d'œil sur Elgitha, témoigna de nouveau le désir de n'avoir pas de témoin de leur conversation. La suivante ne se fut pas plus tôt retirée, quoique un peu à regret, qu'à la grande surprise de lady Rowena la belle inconnue fléchit un genou devant elle, courba le front vers la terre, et, malgré la résistance de lady Rowena, baisa le bas de sa tunique.

— Que veut dire cela? dit la belle Saxonne, et pourquoi me rendez-vous une marque de respect si extraordinaire?

— Parce que c'est à vous, digne épouse d'Ivanhoe, répondit Rebecca en se relevant et en reprenant l'air de calme et de dignité qui lui était naturel; parce que c'est à vous que je puis légitimement, et sans avoir de reproche à me faire, payer le tribut de reconnaissance que je dois à Wilfrid d'Ivanhoe. Je suis..... pardonnez la hardiesse avec laquelle je me suis présentée devant vous, je suis la malheureuse juive pour qui votre époux à exposé ses jours en champ clos à Templestowe.

— Damoiselle, dit lady Rowena, Wilfrid, en ce jour mémorable, n'a fait qu'acquitter faiblement lui-même la dette de gratitude que vos soins charitables lui avaient fait contracter. Parlez. Y a-t-il quelque chose en quoi lui ou moi puissions vous être utiles?

— Non, répondit Rebecca avec calme, si ce n'est de lui transmettre mes adieux et l'expression de ma reconnaissance.

— Quittez-vous donc l'Angleterre? demanda lady Rowena à peine revenue de la surprise que lui avait causée cette visite extraordinaire.

— Oui, noble dame, avant que la lune change. Mon

père a un frère puissamment protégé par Mohammed Boabdil, roi de Grenade; nous allons le joindre, et nous sommes sûrs d'y trouver la paix et la tranquillité, en payant le tribut que les musulmans exigent des Hébreux.

— Ne trouveriez-vous pas la même protection, la même sécurité en Angleterre? Wilfrid jouit de la faveur du roi, et Richard lui-même est aussi juste que généreux.

— Je n'en doute point, noble dame. Mais le peuple en Angleterre est une race fière, querelleuse, et amie des troubles. On y est toujours prêt à prendre les armes les uns contre les autres. Ce pays ne peut offrir un asile assuré aux enfans de mon peuple. Éphraïm est une colombe timide; Issachar, un serviteur trop chargé, qui succombe sous un double fardeau. Ce n'est point dans une contrée déchirée par des factions intérieures, entourée d'ennemis de toutes parts, que les fils errans de Jacob peuvent espérer le repos.

— Mais vous, jeune fille, pourquoi quitter ce pays? vous n'avez rien à craindre en Angleterre. Les Saxons et les Normands se réuniront pour respecter et honorer celle dont la bienveillance donna des soins si touchans à Ivanhoe.

— Vos discours sont séduisans, noble dame, mais mon parti est pris. Un gouffre est ouvert entre nous. L'éducation, la croyance religieuse, tout conspire à nous séparer. Adieu. — Mais avant que je vous quitte, accordez-moi une grace; levez ce voile qui m'empêche de voir des traits dont la renommée fait tant d'éloges.

— Ils ne méritent pas d'arrêter les regards, dit lady

Rowena; mais je ne m'y refuserai point, à condition que vous m'accorderez la même faveur.

Toutes deux levèrent leur voile en ce moment. Soit par timidité, soit par la conscience intime de ses charmes, lady Rowena sentit ses joues, son front, son cou et son sein se couvrir d'une vive rougeur. Rebecca rougit aussi, mais cette sensation ne dura qu'un instant; et, maîtrisée par une émotion plus forte, elle se dissipa comme le pourpre qui orne les nuages quand le soleil quitte l'horizon.

— Noble dame, dit-elle à lady Rowena, les traits que vous avez daigné me montrer vivront long-temps dans mon souvenir. La douceur et la bonté y règnent, et si une teinte de la fierté du monde ou de ses vanités se mêle à une expression si aimable, comment pourrait-on reprocher à un vase de terre de conserver quelques traces de son origine? Oui, je me rappellerai long-temps vos traits, et je bénis le ciel de laisser mon noble libérateur uni à.....

La voix lui manqua, et des larmes s'échappèrent de ses yeux. Elle se hâta de les essuyer; et lady Rowena lui ayant demandé avec intérêt si elle se trouvait indisposée : — Non, noble dame, lui répondit-elle; mais je ne puis songer à Torquilstone et au champ clos de Templestowe sans éprouver une bien vive émotion. Adieu. Mais il me reste une dernière prière à vous faire : acceptez cette cassette, et ne dédaignez pas de porter ce qu'elle contient.

A ces mots, elle lui présenta une petite cassette d'ivoire, enrichie d'ornemens en argent : lady Rowena l'ouvrit, et y trouva un collier et des boucles d'oreilles de diamant qui étaient d'une grande valeur.

— Il est impossible, dit lady Rowena en voulant la lui rendre, que j'accepte un présent d'un si grand prix.

— Conservez-le, noble dame, dit Rebecca : vous avez pour vous le rang, le crédit, la puissance ; nous n'avons pour nous que la richesse, et elle est en même temps la source de notre force et de notre faiblesse. La valeur de ces bagatelles dix fois multipliée n'aurait pas tant d'influence que le moindre de vos désirs. Ce présent est donc de peu de valeur pour vous, et il en a encore moins pour moi. Ne me faites pas croire que vous partagez les injustes préjugés de votre nation à l'égard de la mienne. Pensez-vous que j'estime ces pierres brillantes plus que ma liberté, ou que mon père y attache plus de prix qu'à la vie et à l'honneur de sa fille? Acceptez-les, noble dame ; elles n'ont aucune valeur pour moi; je ne porterai plus de semblables joyaux.

— Vous êtes donc malheureuse? s'écria lady Rowena, frappée du ton avec lequel la belle juive avait prononcé ces dernières paroles. Restez avec nous. Les conseils d'hommes pieux vous convertiront à notre sainte foi, et je serai une sœur pour vous.

— Non, dit Rebecca avec cette mélancolie calme qui se faisait remarquer sur son visage comme dans sa voix, cela ne peut être : je ne puis quitter la religion de mes pères comme un vêtement qui ne convient pas au climat que j'habite. Mais je ne serai pas malheureuse. Celui à qui je consacre ma vie à l'avenir sera mon consolateur, si j'accomplis sa volonté.

— Votre peuple a-t-il donc des couvens? Comptez-vous entrer dans quelqu'un?

— Non, noble dame; mais, depuis le temps d'Abraham jusqu'à nos jours, il s'est trouvé dans notre nation de saintes femmes qui ont élevé toutes leurs pensées vers le ciel, et qui se sont vouées à soulager l'humanité souffrante, soignant les malades, consolant les affligés, secourant les indigens. C'est parmi elles que l'on comptera Rebecca. Dites-le à votre noble époux, s'il s'informe du destin de celle à qui il a sauvé la vie.

Il y avait un tremblement involontaire dans la voix de Rebecca, une expression de tendresse dans ses accens, qui en disait peut-être plus qu'elle ne voulait en exprimer. Elle se hâta de mettre fin à cette scène.

— Adieu, dit-elle à lady Rowena: puisse le père commun des juifs et des chrétiens répandre sur vous toutes ses bénédictions. Le navire sur lequel nous partons lèvera l'ancre avant que nous puissions arriver au port.

Elle se retira, et laissa la belle Saxonne aussi interdite que si elle avait eu une vision. Lady Rowena fit part de cette singulière conférence à son époux, sur l'esprit duquel elle causa une vive impression.

L'union d'Ivanhoe et de Rowena fut longue et heureuse, car leur affection avait crû avec les années, et elle avait pris une nouvelle force dans les obstacles mêmes qu'elle avait rencontrés. Cependant ce serait porter la curiosité trop loin que de demander si le souvenir des charmes et de la magnanimité de Rebecca ne se présenta pas à l'esprit de Wilfrid plus souvent que la belle descendante d'Alfred ne l'aurait désiré.

Ivanhoe se distingua au service de Richard, et en reçut de nouvelles faveurs. Il se serait sans doute élevé encore plus haut, sans la mort prématurée de ce héros devant le château de Chalus, près de Limoges. Avec ce monarque généreux, mais téméraire et romanesque, périrent tous les nobles projets que son ambition avait formés.

On peut lui appliquer, avec un léger changement, ce que dit Johnson de Charles de Suède :

— Son destin fut d'aller se faire tuer par une main vulgaire aux pieds d'un fort étranger ; son nom, qui fit trembler le monde, ne sert plus qu'à donner une leçon de morale ou à orner UN ROMAN.

FIN D'IVANHOE.

ŒUVRES COMPLÈTES
DE
SIR WALTER SCOTT.

Cette édition sera précédée d'une notice historique et littéraire sur l'auteur et ses écrits. Elle formera soixante-douze volumes in-dix-huit, imprimés en caractères neufs de la fonderie de Firmin Didot, sur papier jésus vélin superfin satiné; ornés de 72 *gravures en taille-douce* d'après les dessins d'Alex. Desenne; de 72 *vues* ou *vignettes* d'après les dessins de Finden, Heath, Westall, Alfred et Tony Johannot, etc., exécutées par les meilleurs artistes français et anglais ; de 30 *cartes géographiques* destinées spécialement à chaque ouvrage; d'une *carte générale de l'Écosse,* et d'un *fac-simile* d'une lettre de Sir Walter Scott, adressée à M. Defauconpret, traducteur de ses œuvres.

CONDITIONS DE LA SOUSCRIPTION.

Les 72 volumes in-18 paraîtront par livraisons de 3 volumes de mois en mois ; chaque volume sera orné d'une *gravure en taille-douce* et d'un titre gravé, avec une *vue* ou *vignette*, et chaque livraison sera accompagnée d'une ou deux *cartes géographiques.*

Les *planches* seront réunies en un cahier séparé formant atlas.

Le prix de la livraison, pour les souscripteurs, est de 12 fr. et de 20 fr. avec les gravures avant la lettre.

A la publication de la 3e livraison, les prix seront portés à 15 fr. et à 25 fr.

ON NE PAIE RIEN D'AVANCE.

Pour être souscripteur il suffit de se faire inscrire à Paris
Chez les Éditeurs :

CHARLES GOSSELIN, LIBRAIRE	A. SAUTELET ET C°,
DE S. A. R. M. LE DUC DE BORDEAUX,	LIBRAIRES,
Rue St.-Germain-des-Prés, n° 9.	Place de la Bourse.